ゆったり&じっくり楽しむ

出雲大社
参拝旅
完全ガイド

JN055044

ゆったり＆じっくり楽しむ

出雲大社参拝旅
完全ガイド

004	八百万の神々が集う、出雲の国へ
006	出雲大社エリアへのアクセス
008	**Chapter1** **出雲大社予備知識編**
010	出雲に縁のある神々
014	出雲大社と伊勢神宮の関係
016	出雲大社を巡るために神話を学ぶ ヤマタノオロチ伝説
018	因幡の素兎伝説
020	国譲りの神話
021	国引きの神話
022	大国主大神の縁結びパワー
024	出雲大社参拝の基礎知識
026	知っておきたい！ 参拝の方法
028	**Chapter2** **出雲大社宮域完全ガイド**
030	出雲大社の成り立ち
032	大社宮域マップ
034	御本殿

036	御本殿の構造を大解剖！
038	神楽殿
040	拝殿 八足門
041	千家國造館 祖霊社
042	宝物殿のお宝拝見
044	各々の神を祀る摂末社 祓社
045	筑紫社 氏社（北）
046	氏社（南）門神社
047	釜社 十九社（東・西）
048	素鵞社 野見宿禰神社
049	御向社 天前社
050	境外の摂末社 命主社 出雲井社
051	阿須伎神社 乙見社 三歳社
052	大穴持伊那西波岐神社 因佐神社 上宮
053	下宮 大歳社 湊社
054	出雲大社をもっと知る！ 古代出雲歴史博物館

CONTENTS

056 　出雲大社の御遷宮

058 　神々の祭祀
　　　神迎神事・神迎祭

059 　神等去出祭

060 　涼殿祭

061 　大祭礼 的射際

062 　祈穀祭

063 　献穀祭

064 　節分祭　十九社祭

065 　福迎祭　御饌井祭　年越し

066 　出雲大社で縁結び祈願

067 　お守りで良縁とパワーを身につける

068 　出雲大社を訪れたならぜひ巡りたい！
　　　神話にゆかりのある
　　　島根県内神社マップ

070 　　八重垣神社

071 　　須佐神社

072 　　日御崎神社

073 　　美保神社

074 　　佐太神社

075 　　熊野大社

076 　万九千神社

077 　須我神社

078 　**Chapter3**
　　　Sightseeing & Gourmet
　　　出雲大社に
　　　プラスアルファのお楽しみ！
　　　観光＆グルメスポット

080 　神門通りをそぞろ歩き

088 　ご縁横丁ぐるり散策

092 　出雲市観光＆グルメスポット

100 　松江市観光＆グルメスポット

108 　出雲市周辺の宿

114 　出雲・松江から足を延ばして

126 　MAP

データの見方

☎ …電話番号
住 …所在地
営 …営業時間
休 …休業日
（年末年始や長期休暇などについては
各社・各施設へお問い合わせください）

※本書の掲載情報は、2023年8月現在のものです。
　その後、各社・各施設の都合により変更される場合が
　ありますので、予めご了承ください。
※掲載した商品は本書発売期間中に売り切れる場合が
　ございますので、予めご了承下さい。
※掲載された金額は一部を除き全て税込金額となります。

出雲大社は俗称として「いづもたいしゃ」と呼ばれるこ
とが多いですが、本書では「いづもおおやしろ」という
正式呼称で統一しています。

結びの神に、大いなる祈りを捧ぐ
八百万の神々が集う、出雲の国へ

「八雲立つ
出雲八重垣　妻籠みに
八重垣作る　その八重垣を」

　これは、大国主大神の妻・須勢理毘売命の父、素戔嗚尊が詠んだ日本最古の和歌。八雲とは、出雲を表している。その言葉のように、出雲大社には、幾重にもたなびく雲や霧が見られることがある。世離れした幻想的な佳景はまさに八百万の神が集まる地を象徴するかのようだ。日本最古の歴史書「古事記」「日本書紀」によると、今から約1300年前には大きな社が建てられたという出雲大社。御本殿には、この出雲の地に国を築いた縁結びと和合の神、大国主大神が祀られる。出雲の地を訪れ、この世の中のあらゆるご縁を結ぶ偉大なる神に祈りを捧げ、御神徳を授かる。それは一生のうちで忘れることのできない、崇高な時間となるに違いない。

出雲大社エリアへのアクセス

出雲大社へは飛行機、電車または車でのアクセス方法がある。
それぞれに便利なアクセス方法について紹介

鉄道の旅

出雲大社へは東京、大阪、名古屋方面からは新幹線で岡山駅にアクセス。岡山駅からは特急やくもで出雲市駅をめざす。博多方面からは新幹線で新山口駅下車、そこから特急スーパーおきで出雲市駅へ。東京からは直行特急のサンライズ出雲もある。

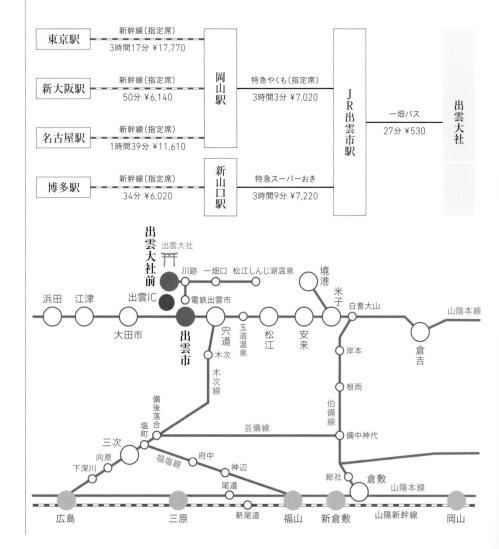

東京駅	新幹線（指定席）3時間17分 ¥17,770		
新大阪駅	新幹線（指定席）50分 ¥6,140	岡山駅	特急やくも（指定席）3時間3分 ¥7,020
名古屋駅	新幹線（指定席）1時間39分 ¥11,610		
博多駅	新幹線（指定席）34分 ¥6,020	新山口駅	特急スーパーおき 3時間9分 ¥7,220

JR出雲市駅 ― 一畑バス 27分 ¥530 ― 出雲大社

出雲大社
出雲大社前　出雲大社　川跡　一畑口　松江しんじ湖温泉　境港　米子
浜田　江津　出雲IC　電鉄出雲市　白兎大山　山陰本線
大田市　出雲市　宍道　玉造温泉　松江　安来　岸本　倉吉
木次　根雨
木次線　伯備線　備中神代
備後落合　芸備線
塩町
三次　府中　神辺　総社　倉敷
向原　福塩線　尾道　新倉敷　山陽本線
下深川　広島　三原　新尾道　福山　新倉敷　山陽新幹線　岡山

※路線図は主要駅を中心に紹介しています。

飛行機ルート

飛行機は、東京、名古屋、大阪、福岡、隠岐から出雲縁結び空港まで直行便が出ている。東京からは1日平均5便、大阪からは1日平均4便あるが季節により便数や値段は変わるので、出かける前にチェックしたい。

| 羽田空港 県営名古屋空港 伊丹空港 隠岐世界ジオパーク空港 福岡空港 | ⋯ | 出雲縁結び空港 | 空港連絡バス 30分 ¥720 | JR出雲市駅 | 一畑バス 27分 ¥530〜 | 出雲大社 |

ドライブルート

| 山口IC | 268.4km、3時間33分 ¥5,410 | 出雲IC | 17.2km 26分 | 出雲大社 |
| 岡山IC | 岡山JCT・北房JCT・落合JCT・米子JCT・松江JCT 216km、2時間48分、¥3,190 | | | |

高速バスルート ※料金は季節、発着時間により異なる

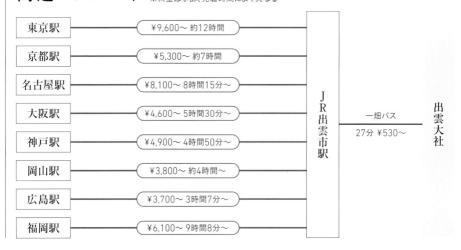

東京駅	¥9,600〜 約12時間	JR出雲市駅	一畑バス 27分 ¥530〜	出雲大社
京都駅	¥5,300〜 約7時間			
名古屋駅	¥8,100〜 8時間15分			
大阪駅	¥4,600〜 5時間30分〜			
神戸駅	¥4,900〜 4時間50分〜			
岡山駅	¥3,800〜 約4時間〜			
広島駅	¥3,700〜 3時間7分〜			
福岡駅	¥6,100〜 9時間8分〜			

出雲市内を巡るには周遊バス・タクシーがおすすめ!

出雲大社および神話にゆかりのある神社を巡るなら、出雲周遊観光バスやタクシーを利用するのがおすすめ。観光バス、観光タクシー共に観光ガイドが同乗し、立ち寄りスポットを詳しく案内してもらえる。詳細、申し込みは出雲観光ガイドHP(www.izumo-kankou.gr.jp)で確認しよう。

Chapter 1

Prior knowledge of Izumo ooyashiro shrine

出雲大社
予備知識編

　出雲大社の主祭神である大国主(おおくにぬしの)大神(おおかみ)と、その先祖神とも父神ともされる素戔嗚尊(すさのおのみこと)の2柱の神は『古事記』『日本書紀』『出雲国風土記』などに記される、壮大な出雲神話の核である。その神話に登場する様々な地名や神社は、神代から現在に至るまで受け継がれている。

Chapter 1
Prior
knowledge of
Izumo ooyashiro
shrine

001

出雲大社
予備知識編

出雲に縁のある神々

日本神話には、多くの神々が登場する。その中から押さえておきたい
基本の神々と、出雲と特にゆかりの深い神々をピックアップ

伊邪那岐命・伊邪那美命

いざなぎのみこと・いざなみのみこと

世界が天と地に分かれ、高天原に7柱の神が誕生（神世七代）。その最後に生まれた兄妹神で、のちに夫婦となり多くの御子神をもうける。伊邪那美命は、火の神・迦具土を産んだ際の火傷が原因で、黄泉国へ行く。妻に会いに行った伊邪那岐命は、その変わり果てた姿を見て驚いて地上へ戻り、怒った伊邪那美命と離縁する。

伊邪那岐命と伊邪那美命の神話に登場する黄泉比良坂。黄泉の国と現世の境と言われている。

天照大御神

あまてらすおおみかみ

伊邪那岐命が、黄泉国の穢れを落とすために左目を洗った際に生まれた三貴子の1柱。高天原を主宰する太陽の女神で、皇室の祖神。

月読命

つきよみのみこと

伊邪那岐命が右目を洗った際に生まれる。姉の天照大御神が太陽神であるのと対象的に、月と夜を統治する弟神だ。ツキを呼ぶ神ともいわれる。

素戔嗚尊

すさのおのみこと

伊邪那岐命が鼻を洗った際に生まれる。乱暴者で、天照大御神が天の岩戸に籠る原因にもなり高天原を追放されるが、出雲の地では英雄神となる。

櫛名田比売

くしなだひめ

ヤマタノオロチに狙われていたところを素戔嗚尊に救われ、夫婦となる。『日本書紀』では奇稲田姫と記され、稲の豊穣を祈る巫女という説もある。

大国主大神へとつながる神々の系譜

天地開闢の際に最初に生まれた神産巣日神。その子孫の少彦名命は大国主大神と国造りに尽力する。また大国主大神の祖先神である素戔嗚尊、その父と母にあたるのが伊邪那岐命と伊邪那美命。伊勢神宮の祭神・天照大御神は、素戔嗚尊の姉神にあたる。

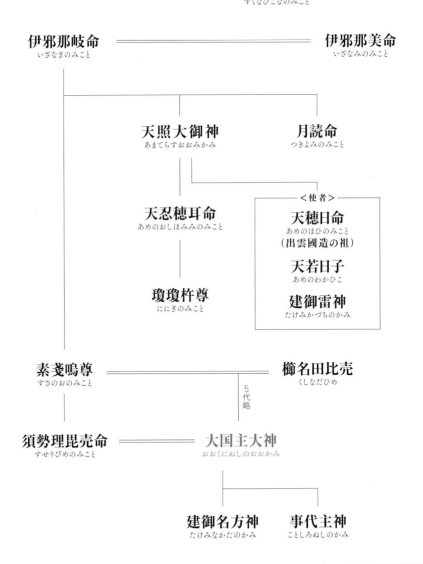

神産巣日神
かむむすひのかみ

少彦名命
すくなびこなのみこと

伊邪那岐命
いざなぎのみこと

伊邪那美命
いざなみのみこと

天照大御神
あまてらすおおみかみ

月読命
つきよみのみこと

＜使者＞

天忍穂耳命
あめのおしほみみのみこと

天穂日命
あめのほひのみこと
（出雲國造の祖）

天若日子
あめのわかひこ

瓊瓊杵尊
ににぎのみこと

建御雷神
たけみかづちのかみ

素戔嗚尊
すさのおのみこと

櫛名田比売
くしなだひめ

5代略

須勢理毘売命
すせりびめのみこと

大国主大神
おおくにぬしのおおかみ

建御名方神
たけみなかたのかみ

事代主神
ことしろぬしのかみ

大国主大神
おおくにぬしのおおかみ

　国造りを成し遂げ地上を主宰する神
で、出雲大社の主祭神。素戔嗚尊と櫛名
田比売の子、または6代後の子孫とされ
る。複数の妻と多くの子をもうけた。

瓊瓊杵尊
ににぎのみこと

天照大御神に三種の神器を託され、宮崎・高千穂に降臨し稲作をもたらす。

天忍穂耳命
あめのおしほみみのみこと

天照大御神に葦原中国に下るよう命ぜられるが瓊瓊杵尊に譲ったとされる。

天穂日命
あめのほひのみこと

国譲りで大国主大神への交渉役として降臨。出雲國造らの祖神となる。

天若日子
あめのわかひこ

国譲りの第2の使者。大国主大神の娘、下照比売と結婚し葦原中国に住む。

須勢理毘売命
すせりびめのみこと

素戔嗚尊と櫛名田比売の娘で、大国主大神の正妻。祖先神・素戔嗚尊の与える試練から大国主大神を助ける。八上比売命に嫉妬するという一面もある。

事代主神
ことしろぬしのかみ

大国主大神と神屋楯比売命の御子神で、七福神のえびす神としても知られる。名は「言知る」を意味し、神託を司る神だ。

建御雷神
たけみかづちのかみ

伊邪那岐命が迦具土の首を切った際に飛び散った血から生まれた神。建御名方神との力競べでは、自らの手を氷柱や刃に変えて挑んだという。

建御名方神
たけみなかたのかみ

大国主大神と沼河比売の御子神とされる、事代主神の弟神。国譲りに反対して建御雷神と力競べをして敗退し、諏訪に鎮まり諏訪大社の祖となった。

神産巣日神
かむむすひのかみ

天之御中主神・高御産巣日神と共に、高天原に出現した造化三神の1柱。『出雲国風土記』では、土着の神々の親神として記される。

少彦名命
すくなびこなのみこと

神産巣日神の手の股から生まれた御子神。大国主大神と共に国造りを行った後、常世国に旅立ったとされる。酒の神としても知られる。

Chapter I
Prior
knowledge of
Izumo ooyashiro
shrine
002
出雲大社
予備知識編

出雲大社と伊勢神宮の関係

大国主大神を祀る出雲大社と天照大御神を祀る伊勢神宮。日本を
代表する2つの社で実は神話の時代から関係があった。その結びつきを探る

天照大御神を祀る伊勢神宮
正宮は25段の石段を上がっ
た先にある。石段より上の
撮影は禁止されている。

大国主大神を祀る出雲大社
の御本殿を真北から遥拝。
その圧倒的な存在感を前
に、畏敬の念に打たれる。

伊勢神宮の神様

天照大御神
あまてらすおおみかみ

「古事記」や「日本書紀」では太陽に例えられ、高天原を治める神様とされる。天孫降臨の際に、三種の神器を瓊瓊杵尊（に に ぎのみこと）に託したとされる。

豊受大御神
とようけのおおみかみ

天照大御神の食事を司る御饌都神であり、衣食住・産業の守り神として崇敬される神。豊受大神宮（外宮）に祀られている。

＜ 天照大御神の親神 ＞

伊邪那岐命
いざなぎのみこと

日本神話に登場する男神で天照大御神を生んだ神。「古事記」によると、伊邪那美命と夫婦神として国や神々などの万物を生み出した。

伊邪那美命
いざなみのみこと

日本神話に登場する女神。伊邪那岐命の妻として、八百万の神々を生んだことから、子宝や安産の神様として崇敬を受けている。

ルーツを同じくする、対となる存在

　正式には「神宮」と呼ばれる伊勢神宮。皇室の祖先である天照大御神を祀る皇大神宮（内宮）と、その衣食住を司る豊受大御神（とようけのおお みかみ）を祀る豊受大神宮（外宮）、さらに神域内外の別宮、摂社、末社、所管社を加えた125社の総称だ。かつて、大和の宮中に祀られていた天照大御神は、垂仁天皇の時代にさらなる安住の地を求めて諸国を旅し、伊勢の地に辿り着いたという。天照大御神は素戔嗚尊の姉神であるため、素戔嗚尊の子孫神ともいわれる大

国主大神とは、ルーツを遡れば同じく伊邪那岐命に辿り着く。大国主大神は国造りで開拓した葦原中国（あしはらのなかつくに）を天照大御神に譲り、自らは幽界を治めることとなった。

　当時の大和朝廷から見ると、日が昇る東に伊勢神宮があり、天界と地上を司ることとなった天照大御神を祀る。対して、日が沈む西に出雲大社があり、幽界を司ることとなった大国主大神を祀る。このことから、伊勢神宮と出雲大社は対となる存在であったとも言えるだろう。

Chapter 1

Prior
knowledge of
Izumo ooyashiro
shrine

003

出雲大社
予備知識編

出雲大社を巡るために

Episode 1 ヤマタノオロチ伝説

大国主大神の先祖である素戔嗚尊が、猛威を振るう大蛇・・
ヤマタノオロチを退治する神話。そのルーツとなる場所を訪れ、伝説をたどる

ヤマタノオロチの頭を埋めたと
される斐伊神社の八本杉。

神話を学ぶ

大国主大神やその祖先神である
素戔嗚尊にまつわる代表的な神話を紹介。
知っておくことでより
出雲大社巡りが興味深いものとなる

英雄神・素戔嗚尊の誕生

　ヤマタノオロチは、『古事記』では八俣遠呂智と、『日本書紀』では八岐大蛇と記され、8つの頭と8つの尾を持つ怪物のことをいう。

　乱暴者の一面があった素戔嗚尊は、父神・伊邪那岐命や姉神・天照大御神の怒りをかい、高天原から追放されてしまう。出雲国に辿り着いた素戔嗚尊は、斐伊川の上流で泣いている老夫婦と美しい娘に出会う。老夫婦は足名椎命と手名椎命という夫婦神で、娘は末娘の櫛名田比売だ。夫婦には8人の娘がいたが、毎年ヤマタノオロチに食べられ、最後に残った櫛名田比売も食べられてしまうのでは、と嘆いていたのだ。

　素戔嗚尊は、夫妻に強い酒を作らせ、ヤマタノオロチを泥酔させて切り刻んで退治し、櫛名田比売を妻として須賀（雲南市）の地で暮らす。また、ヤマタノオロチの尾の中から現れた太刀・天叢雲剣を天照大御神に献上した。これが、のちに三種の神器の一つとなる草薙の剣だ。

斐伊川のほとりにある、八俣大蛇公園。素戔嗚尊が上流に赴いたのは、この地で神の供物に使う箸が流れているのを見つけたからだ。

大国主大神と兎の心温まる物語

Episode 2 因幡の素兎伝説

大国主大神の優しさや思いやりが伝わる、有名な神話「因幡の素兎」。
出雲大社の境内にも兎のオブジェが点在し、神話を彷彿とさせる

出雲大社の西神苑に
は、66羽のウサギの石
像がある。

大国主大神の優しい人柄を表現

　『古事記』に収められる因幡の素兎伝説は、弱い神であった大穴牟遅神（大国主大神の別名）が、八十神と呼ばれる多くの兄弟神の妨害を退けて国の主となるまでの成長ストーリーのワンシーンだ。

　八十神たちは、因幡の八上比売に求婚するための旅の途中にあった。その荷物持ちとして遅れて歩いていた大穴牟遅神は、気多の岬で苦しんでいる兎に出合う。訳を尋ねると、鰐をだましてその背を踏んで海を渡ってきたが、騙されたことを知った鰐に毛を剥がれた上、先に通りがかった八十神たちの「海水を浴びて山の頂上で風に当たれ」という悪意のある助言に従い、苦しんでいたのだという。気の毒に思った大穴牟遅神は「真水で体を洗い、柔らかいガマの穂の上で寝るように」と教え、兎の体は元通りになった。

　兎は「八上比売は、あなたの妻になりたいと言うでしょう」と予言し、実際にその通りになるのだが、八十神たちに妬まれ、更なる展開がスタートする。

Episode 3 国譲りの神話

自らが築き、治めていた国を天照大御神に譲る大国主大神。
平和に、相手を尊重し国を譲った大国主大神の心が伝わるエピソードだ

力競べで岩を投げあったとされるつぶて岩

国造りの祖が勇退を決断する物語

大穴牟遅神は、素戔嗚尊から次々と試練を与えられるが、その娘・須勢理毘売命に助けられながら成長し、ついに兄弟神の八十神たちに勝利する。そして、大国主大神となって国造りを進め、豊葦原之瑞穂国とも呼ばれる豊かな国・葦原中国を完成させて治めていた。

その様子を高天原から眺めていた天照大御神は、葦原中国を自分の子孫によって平定させたいと考え、まず天穂日命、続いて天若日子を使者として送るが、戻ってこない。そこで足の速い経津主神と剛力な建御雷神の2柱の神を稲佐の浜に送り、国譲りの交渉に当たらせた。大国主大神は、御子神の事代主神と建御名方神に判断を任せたところ、事代主神は承諾したが、建御名方神は反対する。そこで、建御名方神は建御雷神と力競べをするが勝負に負け、葦原中国を天照大御神へ譲る国譲りが決定した。建御名方神は信濃国の諏訪に鎮まることとなり、「諏訪大社」に祀られている。葦原中国から退いた大国主大神は、目に見えない世界を治める幽事・神事の主宰神となった。

Episode 4 国引きの神話

土地に縄をつけて引っ張り、国を広げたという神話。大国主大神の
祖父神による勇壮な行動の物語は神話らしいダイナミックさがある

八束水臣津野命を祀る長浜神社

スケールの大きな国土拡張事業

　出雲の国の始まりを記す国引きの神話
は、『出雲国風土記』の冒頭にのみ記され
る。これは、他所の土地を大きく切り離
し、縄で引っ張って縫い付けるという大
胆な国土拡張事業で、スケールの大きな
出雲大社らしいエピソードだ。

　かつて、出雲の地は東西に細長く狭いも
のであった。それを残念に思った八束水臣
津野命（大国主大神の祖父神）は、海の彼方
の朝鮮半島・新羅の岬に余った土地がある
のを発見する。そこで、八束水臣津野命は
大きな鋤を打ち込んでこれを切り離し、三

つ編みにした太縄をかけて「国来い、国
来い」と掛け声をかけながらゆっくりと
引っ張り寄せて縫い合わせた。それが杵
築の岬（出雲市）であるといわれる。八束
水臣津野命は、この国引きを新羅のほか、
隠岐や能登半島などで4回繰り返し、現
在の広さの土地に拡張したという。

　八束水臣津野命は、勝利を引き寄せる武
運長久の神として長浜神社に祀られる。

長浜神社
⊕島根県出雲市西園町上長浜4258
☎0853・28・0383 ㊺ ㊡参拝自由 ❤拝観無料

Chapter 1
Prior
knowledge of
Izumo ooyashiro
shrine

004

出雲大社
予備知識編

参拝前に知っておきたい出雲大社の知識

大国主大神の縁結びパワー

縁結びの神と信仰を集める大国主大神の神話をモチーフにした銅像や、
神々が集まる浜を訪れ、出雲大社への知識をより深める

出雲大社境内にある御慈愛の神像

幸福と縁を結ぶ神徳

　出雲大社の御祭神である大国主大神に
は、所造天下大神という別名がある。国
造りによって、地上を開拓して葦原中国
を造り、農耕や漁業、医薬に至るまで、
人々の暮らしに必要な様々な知恵を授け
たことを称えたものだ。国譲りで天照大

御神に国土を譲ってからは、人々を取り
巻くあらゆる繋がりや運命といった幽事
を司る神となり、男女の縁だけではなく、
広く人々と幸福との縁を結んでいる。そ
の神徳にあやかって、出会いと和合、円
満を祈念する人々が多く集う。

ムスビの御神像

ムスビの霊力を授かる大神

　国造りの最中、大国主大神は日本海の彼方から飛んでくる光に出合う。それは、大国主大神自身の「幸魂」と「奇魂」で、統一と調和、さらなる発展を司るものだ。この幸魂と奇魂の霊力により、大国主大神はムスビの大神となった。銅鳥居の手前にある銅像は、このシーンを象徴したものだ。

神々を迎える稲佐の浜

人々の縁を神々が会議で決定

　神在祭（P58参照）のときに全国から出雲に集った八百万の神々は、幽事を司る大国主大神の元で神議りを行う。1年間のあらゆる繋がりの縁を結び、繁栄に導くための話し合いだ。神議りの会場は、稲佐の浜からほど近い境外摂社の上宮だ。この期間、出雲の人々は歌舞音曲や大工仕事を慎んで静かに過ごす。

Chapter 1
Prior
knowledge of
Izumo ooyashiro
shrine

005

出雲大社
予備知識編

参拝前に知っておきたい出雲大社の知識

出雲大社参拝の基礎知識

出雲大社ならではの特徴や、境内参拝のしきたりなど、
現地でより意義深い時間を過ごすために知っておきたい基礎知識を紹介

松の参道は左側通行

　三の鳥居をくぐると、2列の松並木に囲まれた「松の参道」が現れる。松並木の中央の道は、かつては皇族や大名しか通ることができず、現在は根の保護のため通行禁止となっている。松並木の両サイドの道を左側通行で拝殿へ向かおう。

参拝は反時計回りで

　銅鳥居の先の荒垣内は、まず拝殿を参拝し、その奥の八足門から瑞垣内の本殿を参拝する。続いて、荒垣内の右側から反時計回りで十九社や素鵞社（そがのやしろ）などの摂末社を参拝して正面に戻るのが正式なルートだ（P32マップ参照）。

4つの鳥居

参道には4つの鳥居があり、それぞれ材質が異なる。神門通りと呼ばれる門前町の手前にあるのが鉄筋コンクリート製の一の鳥居だ。続いて鋼鉄製の二の鳥居、鉄製の三の鳥居があり、最後は拝殿の手前にある日本最古の銅鳥居だ。

神紋の由来

出雲大社の神紋は「二重亀甲剣花菱」だ。六角形の亀甲の中に、三種の神器を表す八稜の剣花菱を放射状に配している。かつてはこの剣花菱の代わりに「十」と「月」を組み合わせた「有」の文字を入れていたこともあった。

Chapter 1
Prior
knowledge of
Izumo ooyashiro
shrine

006

出雲大社
予備知識編

知っておきたい! 参拝の方法

参拝は、心身を清め、正しい作法で行いたい。全国の神社が
二礼二拍手一礼であるのとは異なり、
出雲大社は二礼四拍手一礼が丁寧な作法だ

手水の作法

手水舎では、手をすすいで身を清め、口をすすいで魂を清める。
一連の作法は柄杓1杯分の水で行い、継ぎ足しはしない。

1 ― 左手を水で清める。

2 ― 右手を水で清める。

3 ― 左手の手のひらで水を受けて口をすすぐ。
含んだ水は静かに脇へ出す。

4 ― 左手を水で清める。

（柄杓を使う場合）

1 ― 右手で柄杓に水を汲み、左手をすすぐ。

2 ― 左手に持ち替えて右手をすすぐ。

3 ― 右手に持ち替え、左手の手の平に水を受けて口をすすぐ。

4 ― 柄杓を立てて、柄杓の柄をすすぐ。

四拍手の意味

二礼四拍手一礼は通常の作法で、
5月14日に行われる例大祭では
二礼八拍手一礼となる。
無限を意味する「八」で、神々を限りない
拍手で讃える意味が込められる。

八足門前での拝礼

出雲大社では、八足門前で御本殿に拝礼する。
境内外の摂末社でも二礼四拍手一礼で拝礼する

$\longrightarrow$ $\longrightarrow$ $\longrightarrow$

1 － 御神前に起立の姿勢で立ち、雑念を払い、心を落ち着かせる。

2 － 腰を90度に折って頭を下げる深いお辞儀を2回する。

3 － 胸の高さで4回手を打ち、神々へ感謝し祈念する。
　　右手を少し上にずらして打つといい音が出る。

4 － 最後に深いお辞儀を1回行う。

Chapter 2

Complete Guide of Izumo ooyashiro shrine

出雲大社宮域完全ガイド

　出雲大社の境内は広大だ。本殿に近づくにつれて、神域の清浄な空気を体感することだろう。参道周辺の豊かな自然も楽しみたい。

Chapter 2
Complete
Guide of Izumo
ooyashiro shrine

001

出雲大社宮域
完全ガイド

出雲大社の成り立ち

国譲りの功績によって造営されたと伝えられる出雲大社。
壮大な境内に足を踏み入れる前に、まずはその歴史を知っておきたい

出雲大社

🏠 島根県出雲市大社町杵築東195
☎ 0853・53・3100 🈺 休 参拝自由

天照大神が
大国主大神に託した縁結びの社

　神代にまで遡るほどの歴史がある出雲大社。その起源は、大国主大神が天照大御神から与えられた「天日隅宮」であると『古事記』に記される。大国主大神は国造りによって豊葦原之瑞穂国を築き、その国土を高天原の天照大御神に奉還する。国造りの偉業を称えた天照大御神は大国主大神に「目に見えない世界を司り、様々な縁を結ぶ霊力で人々を幸福に導いて欲しい」と命じた。さらに、高天原の神々に宇迦山（出雲市）の麓に壮大な宮殿を造営させて「天日隅宮」と名付け、御子神である天穂日命を仕えさせると約束したという。天穂日命は、出雲大社の代々宮司を務める千家国造家の始祖となった。

　出雲大社の名称はその歴史の中で変遷し、明治初期までは杵築の地にあることから「杵築大社」と呼ばれていたこともある。現在は一般的に「いづもたいしゃ」と呼ばれるが、正式名称は「いづもおおやしろ」だ。

大社宮域マップ

ひと目でわかる! 出雲大社境内

約18万㎡もの広さを誇る出雲大社には
本殿をはじめ摂末社など多くの社がある。各社の由緒や祭神を紹介する

出雲大社
境内図

三歳社

彰古

宝

國造家鎮守社

⑩氏社

天満宮

⑪氏社(

鶴山

鏡の池

❷神楽殿

⑭西十九社

祈祷受

❺千家國造館

都稲荷社

出雲大社教務本庁
（おくにがえり会館）

庁舎
お札納

AED

おこもりどころ若畝

❽祓社

島根県神社庁

社務所

さざれ石

AED

❻祖霊社

斎館

AED

勅使館

大社國学館

P
大駐車場
385台

⑯野見宿禰神社

大歳社

相撲場

上宮

下宮

因佐社

出雲阿国の墓

P
大駐車場
360台

御宮通り（社家通り）

素鵞川

北

西　　東

南

神迎の通

032

賑やかな門前町である神門通りの終点が勢溜の大鳥居から始まる。この先は、神社では珍しい下り坂の参道だ。坂道の右手にある祓社へ参拝し、神前へ向かう準備を忘れずに。祓橋を渡って松の参道を進むにつれて、壮大な本殿が徐々に姿を現す。

Chapter 2
Complete
Guide of Izumo
ooyashiro shrine

002

出雲大社宮城
完全ガイド

ひと目でわかる！出雲大社境内

御本殿
ごほんでん

MAP ❶

大国主大神が祀られる出雲大社の中心、御本殿。東、西、北側からも
その荘厳な姿を拝観することができ、圧倒的な存在感が感じられる

北側から拝む御本殿。日本最大の壮大な木造神社建築だ

大国主大神が鎮座する大社殿

拝殿の奥、玉垣に囲まれた御本殿は瑞垣内の八足門前から参拝する。八雲山の緑をバックに威風堂々と佇むその姿は、古来から「天下無双の大廈（比べるものが無い壮大な神殿）」と称された。その高さはなんと8丈（約24m）で、屋根から天に向かってそびえる千木は2丈6尺（約8m）、横に並ぶ勝男木は1丈8尺（約5.5m）と長大なものだ。現在の御本殿は1744（延享元）年に造営されたもので1952（昭和27）年に国宝に指定されている。

檜皮葺のどっしりとした外観と対照的に、内部の天井には極彩色で描かれた「八雲之図」が描かれている。2013（平成25）年に平成の大遷宮が行われて以降、毎年5月10日には遷宮を記念しての祭りが執り行われる。その時には普段立ち入ることができない八足門が特別に一般開放され、お祓いを受けた参拝者は御本殿を拝礼することができる。

御本殿の構造を大解剖！

本を伏せたような独特の形の切妻屋根が目を引く本殿。その内部までは
拝観できないが、大国主大神が座す場所に思いを馳せてみたい

大社造りとは

大社造りは日本最古の神社建築様式で、切り妻、妻入りの屋根構造を持つ高床建築だ。中央ではなく、正面に向かって右側に扉と階段が配されている。内部は正方形で「田」の字型に配された9本の柱によって区切られ、中央の柱は心御柱（しんのみはしら）と呼ばれる太柱だ。右側に設けられた壁の奥に大国主大神が鎮座する内殿（御神座）がある。

心御柱

大国主大神が鎮座する御神座は、東壁を背にした西向きだ。その前室には、北壁に接した御客座があり、天之常立神（あめのとこたちのかみ）・宇麻志阿斯訶備比古遅神（うましあしかびひこじのかみ）・神産巣日神（かみむすびのかみ）・高御産巣日神（たかみむすびのかみ）・天之御中主神（あめのみなかぬしのかみ）の5柱が祀られる。心御柱の近くには大国主大神の御子神である和加布都努志命（わかふつぬしのみこと）も祀られている。

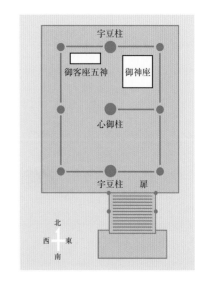

宇豆柱

御客座五神　御神座

心御柱

宇豆柱　扉

北
西　東
南

檜皮葺とちゃん塗り

出雲大社の遷宮は60年ごとに行われる。2013（平成25）年の遷宮では、総重量40トンを超える大屋根の檜皮葺を一枚一枚丁寧に剥がし、綿密な解体調査を行った。その結果、300年前の屋根の下地はそのまま再利用できることが判明した。また、古文書の記録から、銅板の保護に「ちゃん塗り」と呼ばれる技術が用いられたこともわかり、かつての技術が120年ぶりに用いられた。

昔は巨大神殿？
境内に巨木の名残

本殿の高さは、古くは32丈（約96m）とも16丈（48m）とも伝えられる。出雲大社の宮司家である千家國造家に残される建築平面図「金輪御造営差図」は、16丈（48m）の高さの設計図で、柱は3本の大木を鉄輪で束ねて1本にする構造だ。2000（平成12）年に、拝殿北側から直径135cmの大杉3本を束ねた巨大な心御柱の土台を発掘。八足門前にその跡が残されている。

Chapter 2
Complete
Guide of Izumo
ooyashiro shrine

003

出雲大社宮域
完全ガイド

大注連縄がひときわ目を引く祭事の場

神楽殿
かぐらでん

MAP 2

出雲大社のシンボルともいえる巨大な大注連縄で知られる神楽殿。
様々な祭事や行事が執り行われている

日本最大の大注連縄を誇る

境内西の門を出て素鵞川を越えた場所にある神楽殿は、出雲大社のシンボルともいえる大注連縄で知られる。長さ13m、太さ最大8m、重さ5.2ｔという巨大なもので、拝殿の注連縄の約2倍だ。張り方が通常の神社とは左右逆になっているのも特徴だ。

神楽殿は、千家國造家の大広間として使用され、かつては「風調館」と呼ばれた。現在は、出雲大社と出雲大社教の祭事や結婚式、御祈祷などの行事も執り行われている。大広間は270畳もの広さがあり、2000人を収容できる広大なものだ。

上／注連縄は島根県飯南町の「大しめなわ創作館」が手掛ける。下／出雲大社境内の西側を流れる清らかな素鵞川。その西に神楽殿がある。

祭事や年中行事を行う

 MAP

拝殿
はいでん

銅鳥居をくぐった正面にある拝殿は御仮殿とも呼ばれ、祭儀や年中行事、祈祷などが行われる。現在の建物は1959（昭和34）年の竣工で、神社建築学の権威である福山敏男氏による設計。総檜造りで、大社造りと切妻造りを組み合わせた建築様式だ。神楽殿の約半分の大きさだが、長さ6.5m、重さ1tもの大注連縄は圧巻。

005

この場所から本殿を参拝

 MAP

八足門
やつあしもん

拝殿の裏手にある楼門で、神紋である亀甲紋などの繊細な木彫りの装飾が施される。この先の瑞垣内へは正月三カ日や特別参拝者以外は立ち入ることができないため、ここから本殿に参拝する。階段の手前の地面にある3つの円が束になったマークは発掘された古代の本殿の柱跡。実物は出雲歴史博物館で展示される。

代々宮司の住まい

千家國造館

せんげこくそうかん

天照大御神の御子神である天穂日命を始祖とし、出雲大社の代々宮司を務める出雲國造の住まいで、宮司が身を清める潔斎所・斎火殿が最も重要な役割を持つ。宮司は、代替わりする度に起こす神火を在世中に守り続ける。また、祭事にあたっては斎火殿に籠もり、神火で調理した飲食物のみを口にすることで穢れを祓う。

祖先の御霊を祀る

祖霊社

それいしゃ

正式名称は出雲大社教祖霊社。1875（明治8）年に、当時の出雲大社大宮司であった出雲大社教初代管長・千家尊福が建立。祖先祭祀の場として、人々が亡くなった後、その御霊が家の守護神として鎮まるよう、大国主大神に祈願し守護を願うための葬祭や追遠（仏教の法事に相当）の祭事を行う。

Chapter 2
Complete
Guide of Izumo
ooyashiro shrine
008
出雲大社宮域
完全ガイド

MAP 7

宝物殿のお宝拝見

出雲大社のスケール感が伝わる心御柱をはじめ、
古代の宝剣など数々の宝物が展示される神祜殿。その一部を紹介

出雲大社の歴史を体感

出雲大社の宝物殿は、銅の鳥居をくぐった右手にあり、神祜殿と呼ばれる。神祜とは「神の助け」「神から幸を授かる」という意味を持つ。神祜殿は1981（昭和56）年に竣工し、2017（平成29）年に、平成の大遷宮を記念してリニューアルし

た。新たに公開されたのは、境内で出土し、重要文化財に指定された鎌倉時代の本殿の大柱「心御柱」だ。出土後、10年以上にわたる保存処理を施し、17年ぶりに一般公開されたもので、直径1.35mもの大杉を3本束ねた巨大な柱だ。また、国

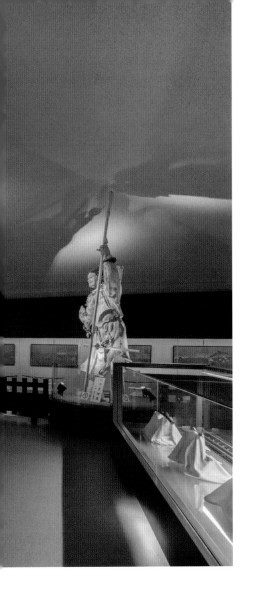

心御柱

<ruby>心<rt>しん</rt></ruby><ruby>御<rt>み</rt></ruby><ruby>柱<rt>はしら</rt></ruby>

鎌倉時代に建立された本殿の心御柱。高さ48mもの高層神殿であった可能性を裏付ける貴重な文化財だ。

八雲の絵

本殿天井の「八雲之図」のレプリカ。雲の数は7つで、あえて未完成にすることで無限を意味すると伝えられる。

昔の本殿の模型

48mもの高さがあったとされる、古代本殿の復元模型。太い柱に支えられた本殿へと続く階段の長さは100mを超す。

宝「秋野鹿蒔絵手箱」のほか、貴重な古文書や宝剣など、出雲大社に伝わる宝物を収蔵・展示している。中には、歴代天皇・将軍から寄進された太刀や鎧、書などもあり、出雲大社が重要な信仰の地であったことが実感できる展示だ。

🕐8:30〜16:30 🈳なし 💴大人 ¥300

各々の神を祀る摂末社

出雲大社の境内・境外には、主祭神である大国主大神と縁の深い神々を
祀った神社や、歴史的に由緒のある神社が摂社や末社として鎮座する

| 009 | 参拝前に身を清める神社 **祓社** はらえのやしろ | 祭神 **祓戸四柱の神** はらえとよはしらのかみ | ⑧ MAP |

正面下り参道の勢溜の大鳥居と神楽殿前の2カ所に鎮座。瀬織津比咩神、速開都比咩神、気吹戸主神、速佐須良比咩神の4柱を祀る。参道とは神様のもとへと通じる聖なる道。この道を通って神様に参拝する前に、まずこの神社で穢れを祓って、身も心も清めた状態で参拝をしよう。

上／正面下り参道にある祓社。下／神楽殿前にある祓社。いずれも小さい祠ながらも重要な社だ。

010	宗像三女神の第一神を祀る

筑紫社
つくしのやしろ

祭神
多紀理比売命
たぎりひめのみこと

正式名称は神魂御子神社で、瑞垣の内側、本殿西側に鎮座。天照大御神と素戔嗚尊との誓約によって生まれた女神・多紀理比売命を祀る。福岡県宗像大社の主祭神3柱のうちの1柱だ。

出雲と筑紫の縁を示す神社だ

011	出雲大社教の始祖を祀る

氏社（北）
うじのやしろ

祭神
天穂日命
あめのほひのみこと

荒垣の内側、本殿西側に鎮座し、出雲國造の始祖、天照大御神の第二子である天穂日命を祀る。天穂日命は出雲大社教の教祖でもあり、その末裔は出雲大社宮司家として今日まで続く。

天穂日命は大国主大神の祭祀をつかさどった

第17代出雲国造を祀る
氏社（南）
うじのやしろ

祭神
宮向宿禰
みやむきのすくね

⓫ MAP

荒垣の内側、本殿西側に氏社（北）と並んで鎮座し、天穂日命より数えて17代目の宮向宿禰を祀る。允恭天皇の代に、初めて出雲國造の姓を下賜されたと『出雲国造伝統略』に記される。

出雲国造を名乗った初の神

013

聖地・御垣内の門番役
門神社（東・西）
みかどのかみのやしろ

祭神
（東）## 宇治神 うちのかみ
（西）## 久多美神 くたみのかみ

⓬ MAP

瑞垣の内側、本殿前方の角を東西で向かい合うように鎮座する2対の社。大国主大神が鎮まる聖地・御垣内を穢れや災いから護るために、出入り口である八足門を見張っている。

二社が向かい合う形で立つ

食物の神を祀る
釜社
かまのやしろ

祭神
宇迦之魂神
うかのみたまのかみ

⓭ MAP

荒垣の内側、本殿東側に鎮座。素戔嗚尊の御子神である宇迦之魂神は保食神とも呼ばれる食物の神で、全国の稲荷の祭神でもある。毎年、11月23日の古伝新嘗祭では「御釜神事」が行われる。

2016（平成28）年に遷座したばかり

全国の神々の宿泊所
十九社（東・西）
じゅうくしゃ

祭神
八百万神
やおよろずのかみ

⓮ MAP

荒垣の内側、本殿を挟んで東西に向かい合い鎮座。19の扉があることから十九社と呼ばれる。神在月の旧暦10月11日～17日の神迎祭に集う全国の神々が宿泊する宿で、期間中は扉を全て開放する。

通常は神々の遙拝所

大国主大神の親神を祀る

素鵞社
そがのやしろ

祭神

素戔嗚尊
すさのおのみこと

荒垣の内側、本殿の背面に鎮座。天照大御神の弟神で、大国主大神の親神である素戔嗚尊を祀る。社の裏には稲佐の浜の砂が敷かれていて、清めの砂として持ち帰る参拝者もいる。

本殿より一段高い所に座す

相撲の祖を祀る神社

野見宿禰神社
のみのすくねじんじゃ

祭神

野見宿禰
のみのすくね

祓橋の西側に鎮座。祭神は第13代出雲國造である野見宿禰で、別名は襲髄命（かねすねのみこと）。天下一の力人である当麻蹴速（たいまのけはや）を相撲で破ったと『日本書紀』に記され、相撲をはじめとしたスポーツを志す人に崇められる。

日本の相撲の起源という一説もある

018 | 大国主大神の后を祀る
御向社
みむかいのやしろ

祭神
須勢理比売命
すせりひめのみこと

正式名称は大神大后 神<ruby>大神大后<rt>おおかみ おおきさきの かみの</rt></ruby> 神社で、瑞垣の内側、本殿東側に鎮座。御祭神は、大国主大神の正妻でもある須勢理比売命だ。国造りの試練を与えられた夫と共に国造りという偉業を果たした。

『出雲国風土記(いずものくにふとき)』にも記される社

---

019 | 大国主大神を救った女神
天前社
あまさきのやしろ

祭神
蚶貝比売命 きさがいひめのみこと
蛤貝比売命 うむがいひめのみこと

正式名称は神魂伊能知比売神社で、瑞垣の内側で御向社の東隣に並んで鎮座する。迫害を受けた大国主大神が手間山で大火傷を負った際、治療と看護に尽くして命を救った2柱の女神を祀る。

蚶貝は赤貝、蛤貝は蛤を表す

Chapter 2
Complete
Guide of Izumo
ooyashiro shrine
020

境外の摂末社

境内の摂末社とともに参拝したい
境外の摂末社

出雲大社には境内だけではなく境外にも神を祀る摂末社が鎮座。
それぞれの神の偉業を知り、思いを馳せつつ参拝したい MAP P126·127

国造りを支えた神を祀る
1 命主社
いのちぬしのやしろ

祭神
神産巣日大神
かみむすひのおおかみ

　正式名称は神魂伊能知奴志神社。大国主大神の窮地を何度も救って国造りを護った神産巣日大神を祀る。神産巣日大神は古事記によると天地が開かれる時に最初に生まれたとされる三柱のひとつだ。境内から弥生時代の青銅器が出土している。

🏠 島根県出雲市大社町杵築東
☎ 0853·53·3100(出雲大社)
🕐 🈺 参拝自由 ¥ 拝観無料

国々を巡った道案内の神を祀る
2 出雲井社
いづもいのかみのやしろ

祭神
岐神
くなとのかみ

　別名は出雲路社。御祭神の岐神は地理に詳しく、国譲りの際に大国主大神の命を受けて経津主神に付き従い諸国を巡り、国内平定に力を尽くしたとされる。道路を守護する交通安全の神だ。出雲大社の東側にあり、車で行くには道が細いので、参拝をするなら徒歩がおすすめ。

🏠 島根県出雲市大社町修理免
☎ 0853·53·3100(出雲大社)
🕐 🈺 参拝自由 ¥ 拝観無料

大国主大神の長男神を祀る

3 阿須伎神社
あずきのかみのやしろ

祭神
味耜高彦根神
あちすきたかひこねのかみ

別名は阿式社。大国主大神と多紀理比売命
との間に生まれた味耜高彦根神が祭神。農
耕と国土創生を司る。

🏯 島根県出雲市大社町遥堪 ☎ 0853・53・3100
（出雲大社）📷 ⊘ 参拝自由 ¥ 拝観無料

大国主大神の姫神を祀る

4 乙見社
おとみのやしろ

祭神
高比売命
たかひめのみこと

正式名称は大穴持御子玉江神社。大国主
大神の姫神で、国土安泰や家庭円満を司り、
国土運営に尽力した女神・高比売命を祀る。

🏯 島根県出雲市大社町修理免 ☎ 0853・53・
3100（出雲大社）📷 ⊘ 参拝自由 ¥ 拝観無料

福の神・えびす様を祀る

5 三歳社
みとせのやしろ

祭神
高比売命 たかひめのみこと
事代主神 ことしろぬしのかみ
御年神 みとしのかみ

正式名称は大穴持御子神社。事代主神は
「えびす様」として知られる。毎年1月3日の「福
迎神事」では1年の開運と商売繁盛を祈る。

🏯 島根県出雲市大社町杵築東 ☎ 0853・53・
3100（出雲大社）📷 ⊘ 参拝自由 ¥ 拝観無料

航海の神を祀る神社
6 大穴持伊那西波岐神社
おおなもちいなせはぎのかみのやしろ

| 祭神
稲背脛命
いなせはぎのみこと

　天穂日命の御子神である稲背脛命を祀る。国譲りに際し、大国主大神と三穂之関（美保関）の事代主神との間を伝令役として奔走した航海の神だ。

🏠島根県出雲市大社町鷺浦 ☎0853・53・3100（出雲大社）🕐 休参拝自由 ¥拝観無料

高天原の武神を祀る
7 因佐神社
いなさのかみのやしろ

| 祭神
建御雷神
たけみかづちのかみ

　別名は速玉社。稲佐の浜で大国主大神と国譲りの話し合いを行った建御雷神を祀る。勇武の神として知られ、受験や進学の成就を祈願される。

🏠島根県出雲市大社町杵築北 ☎0853・53・3100（出雲大社）🕐 休参拝自由 ¥拝観無料

神々の会議の場
8 上宮
かみのみや

| 祭神
素戔嗚尊 すさのおのみこと
八百萬神 やおよろずのかみ

　別名は仮宮。毎年旧暦10月、全国の神々が集結する神在祭では、この社に神々が集まって7日間にわたって神議りの会議を行う。

🏠島根県出雲市大社町杵築北 ☎0853・53・3100（出雲大社）🕐 休参拝自由 ¥拝観無料

天照大御神を祀る
9 下宮
しものみや

祭神
天照大御神
あまてらすおおみかみ

　上宮から稲佐の浜に向かう途中に、巨岩に囲まれて立つ小さな社。皇祖神であり、国民の総氏神でもある天照大御神を祀る。

🏠島根県出雲市大社町杵築北 ☎0853・53・3100（出雲大社）🕐 🈳参拝自由 💴拝観無料

農耕の神を祀る
10 大歳社
おおとしのやしろ

祭神
大歳神
おおとしのかみ

　稲佐の浜に向かう小道の砂丘上に鎮座。御祭神は素戔嗚尊の御子神で、五穀豊穣と田畑を守護する農耕の神・大歳神だ。

🏠島根県出雲市杵築北 ☎0853・53・3100（出雲大社）🕐 🈳参拝自由 💴拝観無料

食物と料理の神を祀る
11 湊社
みなとのやしろ

祭神
櫛八玉神
くしやたまのかみ

　大国主大神が出雲大社に鎮まった際、天照大御神に膳夫を命ぜられ、献上する料理の饗応に当たった櫛八玉神が祭神だ。

🏠島根県出雲市大社町中荒木 ☎0853・53・3100（出雲大社）🕐 🈳参拝自由 💴拝観無料

Chapter 2
Complete
Guide of Izumo
ooyashiro shrine

021

出雲大社宮城
完全ガイド

出雲大社をもっと知る！

島根県立古代出雲歴史博物館

出雲大社の歴史や文化について、多角的に紹介する古代出雲歴史博物館。
出雲大社の参拝前後に訪れることで、さらに知識が深められる

世界的に著名な建築家、槇文彦氏が設計した建物。神話や歴史、豊かな自然、古代への興味や郷愁を分かち合える環境を提供したいと建てられたものだ。

古代出雲のロマンに迫る

これまで発見された遺跡や資料を元に、古代出雲を中心とした歴史と文化を様々な角度から解説。総合展示室や3つのテーマ別展示室に加え、島根の神話や伝承を紹介する「神話回廊」など、内容豊かな常設展や企画展も開催。特に、荒神谷遺跡から出土した弥生時代の銅剣358本や、加茂岩倉遺跡から出土した銅鐸39個など国宝419点が並ぶテーマ別展示室「青銅器と金色の大刀」は必見だ。

- 島根県出雲市大社町杵築東99-4
- 0853・53・8600
- 9:00〜18:00（11〜2月は〜17:00）最終入館30分前
- 第3火曜（2023年10月から第1・3火曜）

古代本殿の復元模型

　発掘された巨大神殿跡や、様々な神話伝承から創建の歴史を紐解く「出雲大社と神々の国の祭り」では、平安時代の出雲大社御本殿を1/10のスケールで復元。

御本殿の屋根を飾る

　1881（明治14）年から1953（昭和28）年まで、出雲大社御本殿の屋根を飾っていた千木と勝男木を展示。その迫力のある大きさに圧倒される。

御本殿の棟を支えた
巨大な柱

　出雲大社境内遺跡から杉の大木3本を1組とした、直径が3mにもなる巨大な柱が出土。そのうちの棟持柱（宇豆柱）が展示されている。

Chapter 2
Complete
Guide of Izumo
ooyashiro shrine

022

出雲大社宮域
完全ガイド

出雲大社の御遷宮

江戸時代から約60年ごとに行われる、出雲大社の御遷宮。
御社だけではなく御神体の力も蘇らせる重要な行事だ

再生と蘇りの大事業

　神社で祀る御神体を、これまで鎮座していた社殿から新しい社殿へ遷すことを遷宮という。20年ごとに真新しい社殿に造り変えて場所ごと移動する伊勢神宮の式年遷宮が代表的だ。

　出雲大社では、江戸初期の1609（慶長14）年から約60年ごとに遷宮が実施され、

御本殿をはじめとした境内の摂末社は隣地に真新しい社殿を建てる造営を行ってきた。しかし、1744（延享元）年に造営後の文化、明治、昭和、平成と4度にわたる御遷宮では、受け継がれてきたものを生かしながら使っていくための修造が行われ、現在に至る。修造の場合でも、仮

御遷宮は御本殿の伝統的文化的価値と、出雲の歴史を脈々と受け継ぐだけではなく、日本の伝統的精神文化の蘇りも意味している。

りの住まいとなる御仮殿へと御神体の移動を伴うため、御遷宮と呼ばれる。

御遷宮には、神殿を新しくするだけではなく、御神体の霊力を神代の時代と同じように若々しく蘇らせる意味合いがある。社殿という「かたち」と、人々の信仰という「こころ」をも再生し蘇らせる一大事業が御遷宮なのだ。

御遷宮の歴史	1115(永久3)年	造営
	1609(慶長14)年	造営
	1667(寛文7)年	造営
	1744(延享元)年	造営
	1809(文化6)年	修造
	1881(明治14)年	修造
	1953(昭和28)年	修造
	2013(平成25)年	修造

Chapter 2
Complete
Guide of Izumo
ooyashiro shrine

023

出雲大社宮城
完全ガイド

八百万の神々に祈る

神々の祭祀

出雲大社では年間を72回もの恒例祭典が執り行われる。
その全ては、天穂日命の子孫であり、宮司である千家国造家が奉仕する

神迎神事・神迎祭
かみむかえしんじ・かみむかえさい

旧暦
10月10日

多くの人々が集まり、八百万の神をお迎えする

八百万の神を浜辺で迎える

旧暦の10月11日から17日までの7日間、八百万の神々は出雲に集結し、男女の結びなどの人知を超えた幽事(かくりごと)について神議(かむはかり)を行う。この期間が神在祭だ。その前日にあたる10日の夜、稲佐の浜で篝火(かがりび)を焚いて神々を迎える神事が神迎祭だ。神々は、龍蛇神(りゅうじゃしん)の先導で海を渡って稲佐の浜に到着し、神迎えの祝詞(のりと)の奏上(そうじょう)で迎えられる。そして、絹垣に囲われた神籬(ひもろぎ)に乗り移り、高張提灯が並び奏楽が奏でられる厳かな雰囲気の中、大国主大神が待つ出雲大社へと向かう。

神等去出祭

からさでさい

神等去出祭の様子。お発ちの際に神風が吹くこともあるという

神々の出立を見送る

7日間の神在祭の後、神々の出立を見送る神事が神等去出祭だ。旧暦10月17日の夜、東西の十九社に宿泊していた神々を拝殿へ迎え、祝詞が奏上され、八百万の神の御神威が永遠に続くことを祈る。その後、神職が本殿楼門の扉を三度叩き「お発ち、お発ち」と唱えると、神々は神籬から離れて出雲大社を出立するという。

26日には、大国主大神に神々の出立を報告し、無事を祈る第二神等去出祭が執り行われる。

涼殿祭 | 6月1日
すずみとのさい

出雲国造が真菰を踏みながら歩く様子は厳粛な雰囲気が漂う

出雲の初夏の風物詩

　別名はイネ科植物の真菰の神事で、6月1日に催行される。「出雲森」で、御神木である椋の大木の前に設けた祭場に粢団子と醴酒を供え、國造が祝詞を奏上する。続いて、銅鳥居の横にある御手洗井へ向かい、黙祷祈念を行う。出雲森から御手洗井に盛られた白砂の上には青々とした真菰が1本ずつ置かれ、大御幣を手にした出雲国造がこの真菰を踏んで歩く。この真菰には無病息災、田畑に埋めれば五穀豊穣のご利益があるとして、参拝者が持ち帰る。

大祭礼 的射祭
だいさいれい まといさい

出雲大社の例大祭

　5月14〜16日に行われる大祭礼は、出雲大社の祭事の中でも最も重要な祭だ。国造以下神職は、年に一度のこの例祭にしか着用しない正服をまとう。初日の14日は、拝殿にて的射祭が執り行われる。松の参道で神職が矢を放って邪物を祓う弓神事で、例祭に先立って境内を祓い清めるものだ。その後、天皇陛下からの御幣物を携えた勅使が参向する勅祭や流鏑馬神事、鈴振り舞など様々な神事や芸能の奉納が行われる。

上／雅やかな正服をまとい、執り行われる大祭礼。下／神職が放った矢で境内が祓い清められる的射祭。

祈穀祭 | 2月17日
きこくさい

祝詞が読み上げられ、粛々と執り行われる祈穀祭

秋の実りを祈願する大祭

　2月17日に執り行われる祭事で、今年1年の五穀豊穣を祈願するため祈年祭とも呼ばれる。数々の祭事の中でも、最も重要な大祭式のひとつで、5月の大祭礼、11月の献穀祭と並ぶ、出雲大社三大大祭に数えられる。本殿では、大国主大神に海川山野の幸と箸を供膳に載せて供え、祝詞を奏上する献饌の儀が執り行われる。本殿前の楼門では農業関係者が参列して、その年の秋の豊かな実りを祈願する。

献穀祭 けんこくさい | 11月23日

全国からその年に実った新米が奉納される

豊穣を感謝する大祭

11月23日は、全国各地の多くの神社で五穀の豊作を感謝する新嘗祭が行われる。出雲大社でも、秋の実りを喜び神恩に感謝する献穀祭を執り行う。本殿には、県内外の農家や出雲大社教信徒から

の新穀が供えられる。合わせて、夜には出雲大社独特の古式の祭事・古伝新嘗祭も行われる。國造が、神火と神水で調理した新穀の御飯と醴酒を神々に供え、自らも食す相嘗の儀や神舞などを行う。

節分祭
せつぶんさい

2月3日

無病息災を祈願する

2月3日に行われる立春の祭事。福豆を撒いて邪気を払い、福を招く伝統行事で、境内には、豆まきをする参拝者で賑わう。出雲大社では、御守授与所で大国主大神の別名でもある「だいこくさま」に清められた福豆と人形が授与される。人形は、息を吹きかけたり体をさすったりして厄や穢れを移し、八足門前の唐櫃に納める。

十九社祭
じゅうくしゃさい

旧暦
10月10日

宿泊する神々をもてなす

本殿の東西二カ所にある十九社は、旧暦の10月11日から17日までの7日間にわたって執り行われる神在祭の間、八百万の神々が宿泊する場所だ。十九社では、この間は扉が開放されるほか、毎朝神々に食事を供え、神職による祝詞の奏上と奏楽を捧げる十九社祭が執り行われる。

福迎祭 | 1月3日
ふくむかえさい

幸運を呼ぶ福柴と福萱

　素鵞川の上流に鎮座する境外摂社・三歳社にて、1月3日の深夜1時から催行される神事で、1年の幸運を祈願する。福迎祭で授与される福柴と福萱を受けるため、深夜から夕方まで多くの参拝者が行き交う。

御饌井祭 | 11月17日・12月27日
みけいさい

大神へ供える
水が湧く井戸

　拝殿西側の神聖な井戸・御饌井にて、11月17日と12月27日に執り行われる。早朝、國造は粢の団子と神酒を供え、祝詞を奏上する。その後、楽人が奏でる琴板と神歌に合わせて、榊の枝を手に神舞を納める。

年越し | 12月31日
としこし

新玉の年を迎える準備
あらたま

　12月31日の大晦日は、夕刻から大祓の儀式が催行される。1年の罪や穢れを祓い、新しい年を迎える準備だ。また、銅鳥居が開放され、23時からは八足門内に参入できるため、多くの参拝客が初詣に訪れる。

Chapter 2
Complete
Guide of Izumo
ooyashiro shrine

024

出雲大社宮城
完全ガイド

出雲大社で縁結び祈願

さまざまな良縁を絵馬に託す

　出雲大社の境内には、絵馬掛所が点在している。旧暦の神在月に全国から八百万の神が集い、神議りを行う出雲大社はあらゆる良縁を結ぶ神社。そのため絵馬を通して多くの参拝者から願いが託されるのだ。願い事はできるだけ具体的に書くほうがよいとされる。また願いが成就したら必ずお礼参りを忘れずに。

上／その年の干支が描かれた絵馬。初穂料￥1,000。下／2柱の神様が愛らしく描かれた絵馬。初穂料(小)￥500〜

ここも立ち寄りたい

神馬・神牛像

参道の四の鳥居をくぐってすぐ左手にある神馬・神牛像。神馬は撫でると安産や子宝、神牛は学力向上を授けてもらえるといわれている。

Chapter 2
Complete
Guide of Izumo
ooyashiro shrine

025

出雲大社宮城
完全ガイド

お守りで良縁と
パワーを身につける

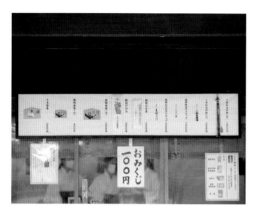

さまざまなご縁を結ぶお守り

　出雲大社のお守りやおみくじは、八足門前と神楽殿の2カ所で授与されている。お守りは縁結びや厄除けなど多種多様。自分はもちろん家族の分を求める人も多い。また開運の縁起物である縁結びや健康祈願のストラップ、根付なども販売されている。郵送での申し込みも行っている。

【 出雲大社のお守り・御神札 】

お守り	祈願
縁結守	良縁
厄除守	厄除
長寿守	長寿健康
学業守	学力向上
安産守	安産
荘気健全守	健康
開運守	開運
カード守	縁結、病気平癒・身体健全、産業・事業繁栄、諸願成就、厄除

御神札	祈願
剱先	魔除け
地鎮祭剱先	土木・建築の際におまつりする御札
関札	家内安全の御札
牛馬札	牛馬安全の御札
祈穀札	五穀豊穣の御札
釜社札	火難水難の御札

Chapter 2
Complete
Guide of Izumo
ooyashiro shrine

026

出雲大社宮域
完全ガイド

出雲大社を訪れたならぜひ巡りたい！

神話にゆかりのある

日本海

万九千神社 ▶ P.76

八百万の神々が宿る
磐境がある神社

🏠 島根県出雲市斐川町併
川258 ☎ 0853・72・9412
🕐 🚹 参拝自由

3 日御碕神社

日御碕神社 ▶ P.72

素戔嗚尊と
天照大神を祀る神社

🏠 出雲市大社町日御碕455
☎ 0853・54・5261
🕐 🚹 参拝自由

● 稲佐の浜

⛩
出雲大社

● 長浜神社

7 万九千神社

宍道湖

出雲 I.C

穴道 I.C
穴道 JCT

山陰道

山陰道

斐川 I.C

松江道

島根県

2 須佐神社

三刀屋木次 I.C

須我神社 ▶ P.77

須佐神社 ▶ P.71

須佐能袁命の
御魂を鎮めた神社

🏠 島根県出雲市佐田
町須佐730
☎ 0853・84・0605
🕐 🚹 参拝自由

日本初の宮と和歌発祥の神社

🏠 島根県雲南市大東町須賀260
☎ 0854・43・2906 🕐 8:30〜17:00 🚹 無料

島根県内神社マップ

佐太神社 ▸ P.74

出雲国三大社の
ひとつとして称えられる

🏠 島根県松江市鹿島町
佐陀宮内73
☎ 0852・82・0668
🕐 ¥ 参拝自由

5
📍 佐太神社

美保神社 ▸ P.73

漁業の神様、
事代主神を祀る神社

🏠 島根県松江市美保関町美保関
608 ☎ 0852・73・0506
🕐 ¥ 参拝自由

4
📍 美保神社

川津 I.C

西尾 I.C

津田 I.C
松江 JCT

中 海

八重垣神社 ▸ P.70

素戔嗚尊と
稲田姫命が御祭神

🏠 島根県松江市佐草町
227 ☎ 0852・21・1148
🕐 9:00～16:30 ¥ 無料
（宝物収蔵庫200円）

松江玉造 I.C

1
📍 八重垣神社

東出雲 I.C

8
須我神社

6
📍 熊野大社

山陰道

安来 I.C

嵩ヶ浜

米子中 I.C
米子南 I.C
米子 I.C 米子 JCT
米子西 I.C
日野川東 I.C 米子東 I.C
米子道

山陰道

大山 PA
大山高原スマート

熊野大社 ▸ P.75

出雲国一宮として
信仰される神社

🏠 島根県松江市八雲町
熊野2451 ☎ 0852・54・
0087 🕐 8:30～16:30
¥ 無料

鳥取県

溝口 I.C

Chapter 2
Complete
Guide of Izumo
ooyashiro shrine

027

出雲大社宮域
完全ガイド

神話に登場する神々

1 八重垣神社
やえがきじんじゃ

1.毎年5月3日は身隠し神事が行われる。2.稲田姫命が姿を映したといわれる鏡の池。3.奥の院佐久佐女の森

縁に結ばれた夫婦神を祀る

　　かつては、青幡佐久佐日古命を祀る佐久佐社と呼ばれた神社。社殿背後の佐久佐女の森は素戔嗚尊が八重垣を作り、八岐大蛇の生贄にされかけた稲田姫命を隠したと伝えられ、のちに両神をも祀るようになった。両神は夫婦でもあることから、縁結びの神社としても名高い。森内には、稲田姫命が喉を潤し、姿を映したとされる鏡の池があり、和紙に硬貨をのせる縁占いができる。宝物収蔵庫の壁画は、神社建築史上類例のない貴重なものだ。

祭神
素戔嗚尊 すさのおのみこと
稲田姫命 いなたひめのみこと
大己貴命 おおなむちのみこと
青幡佐久佐日古命 あおはたさくさひこのみこと

🏠 島根県松江市佐草町227
☎ 0852・21・1148　㊎ 参拝自由
💰 宝物収蔵庫 中学生以上￥200ほか

と神社巡り

『出雲国風土記』では、
出雲国内には399の社があったとされる。
出雲周辺を舞台とした様々な神話や
神々のゆかりの神社を巡ってみよう

2 須佐神社
すさじんじゃ

1.2.神社内や周辺には須佐の七不思議伝説がある。3.境内末社にあたる、天照大神をお祀りする天照社

英雄神・須佐能袁命が鎮まる

『出雲国風土記』には、この地で最後の国土開拓を行った須佐能袁命が当所を気に入り「この土地に自分の名をつけたい」と、須佐と名付けて御魂を鎮めたと記される。合祀される足摩槌命と手摩槌命は稲田比売命の父母神で、歴代宮司を務める須佐家の祖神とされる。須佐能袁命が自ら潮を汲んで身を清めたと伝えられる「塩の井」や、須佐能袁命の怒りに触れると洪水になると伝わる「雨壺」など、七不思議の言い伝えも興味深い。

祭神
須佐能袁命 すさのおのみこと
稲田比売命 いなたひめのみこと
足摩槌命 あしなづちのみこと
手摩槌命 てなづちのみこと

⊕ 島根県出雲市佐田町須佐730
☎ 0853・84・0605 ⊛ 参拝自由

3 日御碕神社

ひのみさきじんじゃ

14棟の社殿全てが国の重要文化財だ

夜を守る鮮やかな朱塗りの2社

　正面の日沈宮と、その右手の高台にある神の宮の2社からなる神社で、『出雲国風土記』では美佐伎社と記される。島根半島の西端に位置し、日本の昼を守る東の伊勢神宮に対して、夜を守ると伝えられる。社殿は徳川家光の命によって7年をかけて築かれた荘厳なもので、本殿は出雲では珍しい権現造りだ。天井や内壁には狩野派と土佐派の絵師による壁画が残されている。神域から望む夕景が見事で、絶景スポットとして名高い。

祭神
【日沈宮】
天照大御神
あまてらすおおみかみ
【神の宮】
素戔嗚尊
すさのおのみこと

🏯 島根県出雲市大社町日御碕455
☎ 0853・54・5261
🕗 参拝自由

4 美保神社

みほじんじゃ

1.美保関の海を望む高台にある。2.国譲り神話にちなんだ神事で名高い神社。3.荘厳な雰囲気の神門

音楽の神を祀る港町の神社

「出雲国風土記」および「延喜式」に社名が記されている古社。美保関は海上交通の関所といわれ、海上安全や漁業の繁栄を願う参拝客が多く訪れる。本殿は、向かって右側の大御前に三穂津姫命、左側の二御前に「えびす様」の別名を持つ事代主神を祀り、その間を装束の間で繋ぐ「美保造」「比翼大社造」と呼ばれる独特の様式だ。2柱の神は、共に芸能や歌舞音曲の神として知られ、多くの楽器や鳴り物が奉納されている。

祭神
三穂津姫命 みほつひめのみこと
事代主神 ことしろぬしのかみ

🏠 島根県松江市美保関町608
☎ 0852・73・0506
🕒 参拝自由

5 佐太神社
さだじんじゃ

1.大社造の本殿が3つ並ぶ、珍しい形式だ。2.3.旧暦10月は八百万の神が集まるとされることから神在の社として崇敬される

12柱を祀る由緒ある古社

『出雲国風土記』に佐太大神社、佐太御子社と記される古社。主祭神の佐太大神は、別名を猿田毘古大神としても知られる導きの神で、出雲四大神の1柱に数えられる。佐太大神は佐太神社から約10km離れた日本海に面する加賀の潜戸に、金の弓矢を持って誕生したと出雲国風土記に記されている。毎年9月の神事・御座替祭では、能の所作を取り入れた芸術性の高い神話劇「佐陀神能」が行われる。ユネスコ無形文化遺産だ。

祭神	
【正殿】	【北殿】
佐太大神 さだのおおかみ	天照大神 あまてらすおおかみ
伊弉諾尊 いざなぎのみこと	瓊々杵尊 ににぎのみこと
伊弉冉尊 いざなみのみこと	【南殿】
速玉男命 はやたまのおのみこと	素戔鳴尊 すさのおのみこと
事解男命 ことさかのおのみこと	秘説四座

🏯 島根県松江市鹿島町佐陀宮内73
☎ 0852·82·0668 🕑 参拝自由

6 熊野大社

くまのたいしゃ

1.日本火之出初之社（ひのもとひのでぞめのやしろ）とも呼ばれる。2.素戔嗚尊の御后神が祀られる稲田神社。3.伊邪那美命を祀る伊邪那美神社

出雲国の一宮で、火の発祥の地

『出雲国風土記』に登場する、火の発祥の地とされる神社。長い祭神名は素戔嗚尊の別名で、人々に平和と繁栄、豊穣を導く神だ。境内には鑽火殿と呼ばれる社があり、発火の神器である火鑽臼と火鑽杵が収められている。毎年10月15日の鑽火祭では、出雲大社の宮司が神餅を持参して神器を借り受ける亀太夫神事が行われる。熊野大社の神官・亀太夫が神餅の出来栄えに苦情を申し立て、神器の受け渡しを渋るという独特な神事だ。

祭神

伊邪那伎日真名子
加夫呂伎熊野大神
櫛御気野命

いざなぎのひまなこ
かぶろぎくまのおおかみ
くしみけぬのみこと

🏠 島根県松江市八雲町能野2451
☎ 0852・54・0087 ⏰ 8:30〜16:30
¥ 拝観無料

7 万九千神社

まんくせんじんじゃ

1.全国の八百万の神が宿るといわれる磐境。2.隣接して鎮座する立虫（たちむし）神社。3.御神殿。2014（平成26）年に軸立正遷宮が行われた

全国の神々を見送る神社

　神在祭で諸国から出雲に集った八百万の神が最後に立ち寄る神等去出の神社だ。旧暦10月26日の夜、神々はここで直会と呼ばれる酒宴を開催し、翌未明にかけて諸国へ旅立つ。当日は、例大祭と神等去出神事が行われる。また、この神社は七座と神能からなる舞と奏楽・出雲神楽を伝承。万九千神社の「代宮家」に伝来する舞と奏楽を、神主と氏子が一体となって伝え続け、出雲大社など県内外の神社にも奉納している。

祭神
櫛御気奴命
くしみけぬのみこと
大穴牟遅命
おおなむちのみこと
少彦名命
すくなひこのみこと
八百萬神
やおろずのかみ

島根県出雲市斐川町併川258
0853・72・9412
参拝自由

8 須我神社
すがじんじゃ

1.本殿両側には杉の神木がそびえる。2.境内にある荒神社。3.若宮には秋田や琴平などの神々を合祀

日本初之宮で和歌発祥の地

『古事記』や『日本書紀』に「須賀宮」と記される、日本初の神社だ。八岐大蛇を退治した須佐之男命は、妻の稲田比売命と共にこの地に訪れ、宮造りを果たした。その際に「八雲立つ 出雲八重垣〜」（P5）の歌を詠んだことから、出雲の国名の起源であり、和歌発祥の地とされる。古来より、本宮と八雲山の中腹にある奥宮の二宮参りの習わしがある。奥宮には大小3つの岩倉があり、夫婦神とその御子神である八島野命の3柱が鎮まる。

祭神
須佐之男命 すさのおのみこと
稲田比売命 いなたひめのみこと
清之湯山主三名 狭漏彦八島野命 すがのゆやまぬしみな さろひこやしまのみこと

⊕ 島根県雲南市大東町須賀260
☎ 0854・43・2906
🕐 参拝自由

出雲大社参拝に
プラスアルファのお楽しみ！

観光＆
グルメスポット

せっかく出雲を訪れたら、名物料理を味わったり名所を訪れてみたいもの。出雲大社の周辺には地元ならではのグルメや縁起のよいオリジナルグッズを販売する店が点在。隣の松江市や県内全域にも足を延ばして神の国を堪能しよう。

出雲大社の勢溜から望む神門
通り。道の両側に多様な店が並
び、観光スポットとしても人気。

Chapter 3
Sightseeing
and Gourmet

001

観光&
グルメスポット

参拝の前後にふらり立ち寄る

神門通りをそぞろ歩き

宇迦橋の大鳥居から出雲大社の正門まで続く神門通りには、
出雲ならではの個性豊かな土産やグルメのショップが集結している

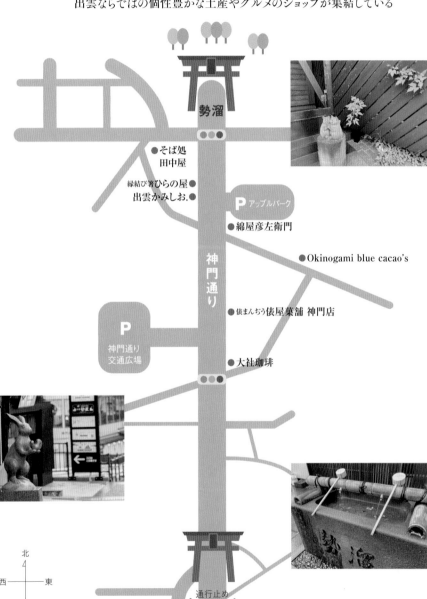

勢溜

●そば処
田中屋

縁結び箸ひらの屋●
出雲かみしお.●

Ｐ アップルパーク

●綿屋彦左衛門

●Okinogami blue cacao's

神門通り

●俵まんぢう俵屋菓舗 神門店

Ｐ
神門通り
交通広場

●大社珈琲

北
西 ← → 東
南

通行止め

宇迦橋

俵屋菓舗 神門店

1.俵まんぢう1個￥140。2.卵をたっぷりと使用した無添加の俵せんべい5袋入り(10枚入)￥850。3.風情あふれる外観

ふんわりと優しい甘さの俵まんぢう

1898（明治31）年に、初代店主が「参拝された方に記念となるようなものを作りたい」と俵まんぢうと俵せんべいを発売。以来、出雲の老舗菓子舗として多くの人々に親しまれている。名物の俵まんぢうは、出雲大社の御祭神である大国主大神こと大黒様（ダイコクサマ）が、俵の上ににこやかに座られていることから、五穀豊穣や福徳円満、良縁に恵まれますよ

うにと願いを込めて作られた和菓子。俵型のカステラ生地は製菓用としては最高級の小麦粉を使用、ふんわり、しっとりと入った食感だ。中にぎっしりと入った白あんは、手亡豆を使った自家製であっさりとした甘さが特徴。口溶けがよく、お茶請けにもぴったりだ。

🏠 島根県出雲市大社町杵築南771
☎ 0853・53・4737 🕐 8：30〜17：30 🈚 無休

02　出雲かみしお.

1.美しい結晶が特徴の神迎の塩50g￥1,100〜。2.それぞれに意味がある天然石を詰めた神塩コルク瓶￥1,550。3.高貴な紫をあしらった店

稲佐の浜の海水で造る神の塩

　年に一度、八百万の神をお迎えする神迎神事が執り行われる稲佐の浜の海水を汲み上げ、店主が1人で造り上げるブランド塩の専門店。「ここだけにしにかない、ここだけのもの」をコンセプトに丹精込めて造られた塩は、社長兼デザイナーが独自の感性でプロデュースを行い、おみやげにも評判だ。ミネラル分が豊富で旨味が濃厚な神迎の塩は、盛り塩やお守り塩のみならず、邪気払いやパワーチャージのためにもおすすめ。また真っ白な神塩と美しい天然石を組み合わせた神塩コルク瓶、出雲にゆかりのある5つの風景をあしらった愛らしいデザインの神塩ポチ袋など、思わず誰かに贈りたくなるものが揃っている。

🏠 島根県出雲市大社町杵築南838-6
☎ 0853・53・4140 🕙 10:00〜17:00 🈳 無休

03　縁結び箸 ひらの屋

1.種類豊富な箸をはじめ、さまざまな出雲みやげが揃う店内。2.かわいらしいプチリボンパール 各¥660。3.因幡しろうさぎ2膳入¥3,300

名前も入れられる、縁結びの箸

「出雲とお客様のご縁を結ぶ店」をコンセプトに、こだわりの商品を展開する店。素戔嗚尊が出雲平野を流れる斐伊川を流れる箸によって導かれた縁で、稲田比売命と出会うという古事記「ヤマタノオロチ伝説」をイメージし、縁結び箸を販売。華やかなパッケージで女性に喜ばれるプチリボンパールや、うさぎをあしらった箸など種類もバラエティー豊か。1

膳あたり数分で名入れもできるので、結婚式や内祝い、記念日などの贈り物にもぴったりだ。また箸以外にも、家に飾っておきたい出雲神棚セットや出雲しめ縄鳥居、八雲びいどろのグラスなど、出雲ならではのおみやげが各種揃う。

⊕ 島根県出雲市大社町杵築南838-6
☎ 0853·53·0013 🕤 9:30〜17:00 🈶 無休

1.ヒノキの香りが清々しい綿屋彦左衛門の生石鹸￥880。2.湯町窯の豆皿￥900。3.生産者の思いやストーリーを大切にした商品が並ぶ店

島根の自然や文化が育む逸品をみやげに

　店名の由来は、その昔たたら製鉄を生業とした田部家の初代の名前。約600年前から鉄山経営と流通をつうじて各地の良質な名産品を見てきた先代の目利きを活かし、島根県内の豊かな自然や伝統から生まれたものを集め、販売している。出雲の薬湯と名高い湯村温泉の湯を石鹸にした生石鹸や、出雲大社遷宮の社と呼ばれる森の檜の間伐材から作るひのき

チップなど、オリジナル商品が人気。また出雲市斐川町出西地区で栽培される出西生姜を原料にした生姜糖などの食品類、湯町窯の器類、伝統産業の石州瓦を使った商品も多種多彩に揃う。全国の名産品も種類豊富に並ぶので、おみやげ探しに立ち寄りたい。

🏠 島根県出雲市大社町杵築南774-2神門通りAel内
☎ 0853・27・9127 🕐 9:00〜17:00 ❌ 水曜

　そば処田中屋

1.名物の三色割子そばに天ぷらがつく 天ぷら三色割子そば¥2,222。2.毎朝精魂込めてそばを打つ。3.店の裏にはみやげ店「田中屋分店」もある

素材にこだわる、打ち立ての出雲そば

「出雲での感動のために」がコンセプトの手打ち出雲そば専門店。三代目を中心に毎朝職人が手がける打ち立ての手打ちそばは、産地を厳選した希少なそば粉を使用。粗挽きのものを使い、歯ざわりがよく、みずみずしいそばに仕上げている。つゆは、うるめいわしなど数種類の節と、数年寝かせた北海道産天然真昆布からダシをとり、地元の醤油や本みり

ん、地伝酒を合わせたもの。コクと旨味が濃厚で、そばの風味を引き立てる名脇役だ。甘みのある天然エビや島根県産アナゴなど旬の食材を使う揚げたての天ぷらも評判を呼んでいる。四季折々の食材を駆使した季節そばや天ぷらも楽しむことができる。

🏠 島根県出雲市大社町杵築東364 ☎ 0853・53・2351
🕐 11:00～16:00(そばがなくなり次第終了) 🈂 木曜

1.気軽にテイクアウトもできる。2.窓の外に神門通りを望む店内。3.豆の個性に合わせて丁寧に焙煎している。4.休憩に立ち寄りたい一軒

豊かな香りと味わいの極上コーヒー

「最高においしいコーヒーを提供したい」との思いから、最先端の焙煎機を使って毎朝店内でコーヒー豆を焙煎。使う生豆は栽培する人や農園を特定し、品質管理がしっかりと行われているもので、特殊なルートを使って輸入している。定番人気の縁結びブレンドは飲みやすく、コーヒーが苦手な人でも飲みやすいと好評。また質の高い酸味と雑味のないすっきりとした味が特徴の東ティモールゴウララや、紅茶のように華やかな香りと優しい酸味があるエチオピアイルガチェフG1ナチュラルなど、個性豊かなスペシャリティーコーヒーもぜひその味をじっくりと楽しんでみたい。

🏠 島根県出雲市大社町杵築南780-9
☎ 0853・53・0510 🕐 10:00～17:00、土・日曜、祝日9:00～17:30 🈺 木曜

1.ブラックチョコレート各種￥960。2.抹茶チョコレート￥1,480。3.ブルーチョコレート￥3,000。
4.落ち着いた雰囲気のカフェスペース

各国のカカオ豆を使う自家製チョコレート

古民家を改装した、カカオ豆からチョコレートを製造するビーントゥバー。店内で作るチョコレートには選び抜いて輸入したカカオ豆を使用。焙煎から粉砕、すりつぶしまですべて手作業で行い、一枚一枚丁寧に仕上げている。カカオ豆と砂糖のみで作るチョコレートはいずれもシンプルな味わいで、ベトナムやコスタリカ、ガーナなど多種多彩なカカオ豆を使った中から自分の好みに合わせて選ぶのも楽しい。おみやげにはほろ苦さと甘さのバランスが絶妙なブラックチョコレートをはじめ、抹茶チョコレートや、カカオのお茶で作るミルクティーのカカオミルクなどが人気。カフェではチョコレートタルトなども味わえる。

⊕ 島根県出雲市大社町杵築南765-1
☎ 0853・53・5310 🕐 10:00〜17:30 ㊡ 不定休

Chapter 3
Sightseeing
and Gourmet

002

観光＆
グルメスポット

横丁めぐりで出雲を満喫

ご縁横丁ぐるり散策

勢溜の目の前にある「ご縁横丁」には、出雲市や島根県の名産を使った逸品や土産物が勢ぞろい。ちょい飲みやちょい食べも楽しめる!

01　出雲ぜんざい餅

こだわり素材のぜんざいを味わう

　地元の素材を使った出雲ぜんざいが名物の店。ぜんざいに使うあずき・大納言は契約農家で栽培する出雲産を使用。大粒でホクホクの食感だ。もっちりと柔らかい紅白の餅にも島根県産の仁多米を使うこだわりようだ。他にも、夏限定で冷たい抹茶ぜんざい（¥800）もあり、さっぱりとほろ苦く甘い味わいが人気を呼んでいる。

☎0853・53・5026

1.ドリップコーヒーがつく縁むすびセット¥1,200。2.和の趣のある店内。3.店頭にはおみやげも並ぶ

02　IZUMO BREWING

個性豊かなクラフトビール

　少量ずつしか醸造できないマイクロブルクリーで、香り豊かなクラフトビールを作るブルワリーの直営店。深い苦味のあるストロングIPAやトロピカルフルーツを思わせるパンキッシュIPA（各¥750）など常時6種類のビールと1種類の季節限定を提供。ロングウィンナーとビールのセット（¥1,400〜）など、つまみも楽しめるメニューもある。

☎0853・31・4586

1.3種類飲み比べセット¥1,500。2.お土産用のボトルも販売。3.神門通りに面したビアタップでより道してビールを楽しみたい

ご縁横丁

🏠 島根県出雲市大社町杵築南840-1　☎ 0853・53・5026
🕘 9:00〜18:00（季節により変動あり）🈺 無休

03　すし日本海

のどぐろを使った丼や串を堪能

　日本海の新鮮な魚介を使った海鮮料理やおみやげを提供。イートインでの人気メニューは、2年連続でご当地丼選手権金賞に選ばれたのどぐろ丼（¥1,100）。これを目指してくる客も多いという。また脂ののったのどぐろ串焼き（¥900）や濃厚な隠岐の岩がき（¥1,000）などのテイクアウト商品もある。境港の愛鮭茶漬けなどおみやげも豊富だ。

☎ 0853・53・6262

1.パックから出してそのまま食べられる愛鮭茶漬け1個￥540。
2.イートインスペース。3.賑やかな外観

04　出雲漬物けんちゃん漬
出雲大社店

季節の野菜を使った自家製漬物

　できるだけ地元産の野菜を使い、すべて手作りで丁寧に仕上げる漬物がバラエティー豊かに揃う。出雲大社の昔の呼び方といわれる「雲太」をそのまま使用した大根の浅漬け・雲太はさっぱりとして大根の美味しさが楽しめる一品。炙ったねぎをだし醤油ごと味わう白ねぎの焼き醤油漬け（¥500）は豆腐や魚に添えてもおいしいと人気だ。

☎ 0853・31・4518

1.出雲大社の心御柱をイメージした雲太￥700。2.おみやげにぴったりの漬物がずらり。3.直営店はここのみ

05 光海どり

鶏の旨味が濃厚な唐揚げが人気

☎0853・25・8872

国産若鶏や地鶏を使った唐揚げなどをテイクアウトで販売。完全無農薬の飼料で育てられた「銀山赤鶏」の唐揚げ(骨なし3個¥800)は、鶏の旨味そのものを楽しめるように藻塩とブラックペッパーのみで味付け。藻塩も、出雲産の鵜鷺の藻塩を使用するこだわりようだ。ボリューム満点のチキンバーガーはランチにぴったりと評判だ。

1.食べごたえがあるトマト&チーズバーガー¥990。2.唐揚げの香り漂う店内。3.鶏柄の暖簾が目印

06 そば庄たまき

香り高い自家製そばを味わう

☎0853・31・4545

自社で製粉したひきぐるみのそば粉を使用し、丹精込めて打つそばは風味が豊かでツルリとしたのど越しが特徴。出雲に来たらぜひ味わいたい割子蕎麦(三段¥800～)は、コシのある食感で香りも強く、やや甘めのつゆともよく合う。また磯の香りが豊かな岩のりそば(¥900)も美味。おみやげには国産そば粉を使った十割そばが人気だ。

1.十割そば2人前入り¥1,350。2.お昼やおやつに立ち寄る人が多い 3.店内の一角や店頭にはお土産用のそばがずらりと並ぶ

1.神迎の様子を表現したTシャツ￥3,300。2.3.古事記に登場する神様のかわいいイラスト商品が満載だ

07　神在乃里本舗

個性的なイラストのグッズが人気

　古事記をテーマにしたイラストのオリジナルグッズを販売。大国主大神や素戔嗚尊などの愛らしいイラストがついた缶バッチ（￥250）やタオルハンカチ（￥450）などが人気だ。ラベルにイラストが入った、油を使わないラー油やひまわり油のドレッシング（各￥700）も評判だ。

☎0853・22・9006

08　まがたまや雲玉

天然石のパワーを身につける

　天然石のアクセサリーや小物を中心に扱う店。因幡の白うさぎにちなんでウサギをモチーフにした商品が充実。恋愛が叶うというローズクオーツを使った縁結びうさぎなどがおみやげに好評だ。また島根県産の碧玉（へきぎょく）で職人が仕上げる勾玉（まがたま）も販売している。

☎0853・27・9469

1.縁結びうさぎ袋セット￥1,200。袋は5種類から選べる。2.3.ストラップやブレスレットなども豊富

1.出雲の母と慕われる好晏先生が見てくれる。2.3.タロットを使った占いはワンコインから行う

09　月と太陽

占いを通して的確にアドバイス

　タロット占いや四柱推命、手相、ホロスコープなどの占いを通して、その人に必要なメッセージやアドバイスを行う。仕事や恋愛、婚活など今後の展開についての相談も可能。自分が気づいていないことに気づかせてくれることもある。

☎080・2440・7260

Chapter 3
Sightseeing
and Gourmet

003

観光＆
グルメスポット

出雲市内の名所を訪れる

出雲市観光＆グルメ

01　出雲日御碕灯台

1.灯台の外観。頂上に行くために163段の鉄のらせんを登り切る必要がある。2.毎年6月〜9月の間の週末にライトアップが行われる

100年の壮大な歴史を感じる灯台

　全国に16カ所しかない「のぼれる灯台」の1つとして、訪れる全ての人々をその豊かな歴史と壮大な眺望で魅了する「出雲日御碕灯台」。この灯台は、1903(明治36年)に建設された歴史的な石造りの建築物で国の重要文化財に指定されている。

　地上からの高さ44mを誇る、日本一背の高い灯台であり、その頂上にある展望台からは遮るもののない日本海の大パノラマを望むことができる。灯台の内部に併設された資料展示室では、灯台の歴史や構造の紹介のほか、灯台のレンズ、機器などが展示されており、建設当時の技術のすばらしさを五感で感じられる。

🏠 島根県出雲市大社町大字日御碕1478
☎ 0853・54・5341(燈光会出雲日御碕支所)
🕐 9:00〜16:30
　(3〜9月の土・日・祝日は9:00〜17:00)

スポット

北は雄大な日本海、東は湖面穏やかな宍道湖に面した
出雲市で、歴史的名所や観光スポット、
出雲市ならではの美味を楽しみたい

02　荒神谷遺跡
（こうじんだに）

1.古代復元住居。2.古代の小径と呼ばれる水田の脇道を進んだ先にある復元された出土地。水田に咲く大賀ハスが美しい

古代出雲の歴史を伝える

1984年の本格的な発掘で、全国で出土した銅剣の総数を上回る358本もの銅剣が出土した荒神谷遺跡。銅剣以外にも銅鐸6個、銅矛16本と発掘が終わる時には、全国最多の青銅器の出土地となった異例の地だ。この荒神谷遺跡を中心に、四季折々の自然があふれ、弥生時代に想いをめぐらす「荒神谷史跡公園」が整備されている。公園内には、荒神谷史跡の歴史のすべてを学ぶことが出来る「荒神谷博物館」、古代の生活を復元した竪穴式住居、さらにバーベキューサイトもあり、子どもから大人まで楽しめる。また6月中旬から7月上旬頃には、水田に大賀ハスが咲き誇り、美しい景観に心が和む。

🏠 島根県出雲市斐川町神庭873-8
☎ 0853・72・9044 🕘 9：00〜17：00（季節・施設により異なる）🈺 火曜（季節・施設により異なる）

03 島根県立宍道湖自然館ゴビウス

1.全長18メートルの河川ジオラマ水槽。2.生きものにふれるタッチプール。3.大人気のヘルメット水槽

レアな生き物に出合える場所

島根県の河川と宍道湖・中海の生き物を展示する体験学習型水族館「島根県立宍道湖自然館ゴビウス」では、宍道湖・中海を再現したジオラマ水槽や川の上流域、中下流域を再現した全長18メートルの河川ジオラマ水槽など、島根の水辺にこだわった200種1万点の生物を展示している。日本で唯一シラウオを1年中見ることができるほか、オオサンショウウオやイトヨなど絶滅が心配される生き物の展示もあり、楽しみながら生き物について学ぶことができる。また、生き物にふれてみることができるタッチプールやまるで水の中にいるかのようなヘルメット水槽などは子どもたちに特に人気だ。

🅐 島根県出雲市園町1659-5 ☎ 0853・63・7100 🅑 9:30～17:00（最終入館16:30）🅒 火曜（祝日の場合は翌平日休み）、12/28～1/1（お正月、夏休みなど臨時開館あり）🅓 大人￥500、小中高生￥200、幼児無料

04　宍道湖グリーンパーク

宍道湖の魅力を楽しみながら学ぶ

　宍道湖湖岸に隣接して野鳥観察舎がある多自然型公園。スタッフが常駐する野鳥観察舎2階では、備え付けの望遠鏡で気軽にバードウォッチングを楽しむ事ができる。学びのフロアでの展示や自然観察のレクチャーなども開催されており、宍道湖周辺の自然について楽しく学ぶ事ができる。

1.緑に包まれた外観。建物の向こう側には宍道湖が広がる。2.備え付けの望遠鏡で気軽に野鳥観察ができる

🏠 島根県出雲市園町1664-2
☎ 0853・63・0787
🕐 9:30〜17:00(最終入館16:30)
🈳 火(祝日の場合は翌平日)、12/28〜1/1
(正月、夏休みなどは臨時開園あり)
💰 無料

05　十六島風車公園
うっぷるい

風と海を感じる公園

　日本最大級の風力発電施設である巨大な風車群を見ることができる絶景スポット。美しく整備された公園内には所々にベンチが設置されており、休憩しながらの散策が可能となっている。のんびりとくつろぎながら十六島湾や日本海の景色と大自然を堪能しよう。晴れた日には、隠岐の島が目の前に見られる絶景も楽しめる。

1.2.島根半島西部の海岸に突出した岬。十六島は日本ジオパークに認定

🏠 島根県出雲市十六島町1505-19
☎ 0853・21・6741
🕐🈳 見学自由

06　道の駅 キララ多伎

コバルトブルーが美しい道の駅

　町の活力を高める目的で開設された「道の駅 キララ多伎」は、多伎町の自然環境を生かした施設。駅から海へと続く階段を降りると、目の前にはコバルトブルーの海が広がり、遠浅の海は家族連れの海水浴に最適だ。春から秋にかけては野生のイルカも訪れ、その姿を見られることもある。施設内にはレストランやベーカリー、特産品販売コーナーもある。

1.日本海に面した道の駅。
2.休憩コーナーから見る海は絶景。日本海に沈む夕日は「日本夕景百選」に認定

🏠 島根県出雲市多伎町多岐135-1
☎ 0853・86・9080 🕒 特産コーナー9：00〜18：30、ふれあいコーナー9：30〜18：00 🈳 無休

07　木綿街道

体験で地域の歴史や文化を学ぶ

　江戸時代から明治時代にかけて、木綿の集積地として栄えた町並みが今も風情豊かに残る「木綿街道」。ここでぜひ参加したいのが「木綿街道探訪帖」という15種類の体験メニューだ。地域の歴史や文化、老舗の仕事を知り、地元の人々と触れ合うことができる。懐かしく優しい特別な時間を過ごすことができるとあって人気を呼んでいる。

1.醤油蔵や酒蔵など多彩な見どころがある。2.観光案内所も供えた木綿街道交流館

🏠 島根県出雲市平田町841
☎ 0853・62・2631 🕒 9：00〜17：00
🈳 火曜（祝日の場合は翌平日休）
💴 木綿街道交流館 入館無料／
本石橋邸（併設の見学施設）入館料¥500

08　島根ワイナリー

1.5つの施設が集結。2.無料のほか有料試飲もある。3.島根和牛に舌鼓。4.ワインの製造工程を見学。5.プレミアムなワインも揃う

工場見学や試飲も堪能

島根の気候風土が生んだワインを多くの人々に広め、親しんでもらうことをテーマに作られた施設。「ワイン醸造館」ではワインの貯蔵タンクや仕込み作業などの見学ができる。また「試飲即売館バッカス」では約10種類のワインとオリジナルのグレープドリンクの無料試飲ができ、お気に入りの1本を選ぶことができる。ほかにも山陰の特産品を豊富に取り揃えたお土産コーナーも充実。「バーベキューハウスシャトー弥山」では、島根和牛のバーベキューを用意。ジューシーで柔らかく、旨味たっぷりの島根和牛は贅沢な味わいだ。また出雲そば和牛セットなどのセットメニューも種類豊富に揃う。

🏠 島根県出雲市大社町菱根264-2
📞 0853・53・5577(代表)　🕐 10：00～17：00(施設・季節により異なる)　⭕ 無休　💴 入場無料

09

福乃和

1.2.ふぐの旨みが凝縮されたうず煮。3.おふく焼き1個￥200。4.18席のレストスペース

由緒ある「うず煮」をお土産に

出雲大社で祭祀を執り行う出雲国造家のもてなし料理として代々受け継がれてきた「うず煮」をお土産として販売。ふぐのアラから丁寧にだしを取った一品は、出雲の名物のひとつだ。実演販売では、縁結びと円満を祈願するふぐの形をした焼菓子「おふく焼き」や「おふくやきアイス」もテイクアウトとして人気。

🏠 島根県出雲市大社町杵築南837-2
☎ 0853・53・8101 🕙 10:00～17:00
🈺 不定休

柿谷商店

出雲の海の恵みを堪能

出雲で獲れる素材を中心とした海鮮料理と、天日干しの自家製干物を提供する店。おすすめはノドグロの煮付けや、季節の地物魚の刺身が味わえる「のどぐろ定食」だ。また、冷たい潮風と太陽の光をたっぷりと当てて作る半生状態の干物「しいしび」は魚の旨味が凝縮された逸品。ノドグロやカマス、スルメイカなどがあり、おみやげにもぴったりだ。

🏠 島根県出雲市大社町日御碕1089-29
☎ 0853・54・5106
🕙 10:00～15:00(LO14:00) 🈺 不定休

1.人気ののどぐろ定食。2.くつろげる小上がりもある。3. 短時間で仕上げるしいしびの干物

11　そば処 喜多縁

1. 食べ飽きさせない工夫を凝らした割子そば¥1,050。2.県内外から多く客が訪れる名店

美味しいそばと、笑顔になれる空間

　玄そばを殻ごと製粉する挽きぐるみ製法により、噛むほどに甘味、旨味を強く感じるそばを提供する店。もちもちとした食感を出すために、4種類の国産そば粉を使うのもこだわりだ。定番の割子そばや釜揚げそばなどに加えて、夜は一品メニューからコース料理まで多彩な料理が充実。地元の食材を駆使した料理は出雲の風土を感じるものばかりだ。

🏠 島根県出雲市平田町989-4
☎ 0853・31・4259 🕐 11:30～14:00、17:30～20:00 🈳 火曜、月曜の夜、不定休

12　Tatsuzawa misaki cafe

1.貝の旨味がご飯に染み込んだぼべめしセット¥800。2.日御碕灯台に向かう途中にある店

名物のぼべめしを味わう

　日御碕灯台を望む開放的なカフェ。落ち着いた雰囲気の店内で、日本海の魚貝を使った料理や定食などが味わえる。人気は、旬の魚介類をふんだんにのせた日本海丼。歯ごたえのあるサザエを卵でとじたサザエ丼も評判を呼ぶ。また、ぼべ貝で取っただし汁で炊くぼべめしは、ここでしか味わえない味。わざわざ食べに来るリピーターも多い。

🏠 島根県出雲市大社町日御碕1089-30
☎ 0853・54・5005
🕐 10:00～17:00(17:00～22:00は2日前に予約が必要) 🈳 水曜

Chapter 3
Sightseeing
and Gourmet

004

観光&
グルメスポット

出雲市の隣、松江市でぶらり旅

松江市観光&グルメ

01　松江城

1.江戸時代以前に建てられた姿を残す貴重な城。2.美しい松江の町並みを一望できる。3.水面に映る緑が美しい堀端

近世城郭を代表する天守が見どころ

　1611（慶長16）年の完成から現代まで、焼失することなく築城当時の姿を残す貴重な城。彦根城、姫路城と並び近世城郭最盛期を代表する天守として、国宝に指定されている。全国の現存天守12城のうち広さは2位、高さは3位を誇り、天守閣の最上階からは松江市街や美しい宍道湖を一望。感動的な絶景を楽しめる。また松江開府の祖、堀尾吉晴の銅像が立つ入り口近辺や大手門跡、3つの櫓がある二之丸などもぜひ見ておきたい。周辺にある城山公園では松や竹林、桜や椿、梅など四季折々の自然が楽しめる。ガイドによる城の説明や秘話を聞きながら散策を楽しむのもまた一興だ。

🏠 島根県松江市殿町1-5
☎ 0852・21・4030　🕐 7:00〜19:30（施設により異なる、季節により変動あり）　🈳 無休　💴 天守入場料大人
¥680ほか

スポット

宍道湖の東側に広がる水の都、松江市は国宝の
松江城をはじめ観光スポットが満載。
旬の魚介類を使った郷土料理もバラエティー豊か

02 　堀川遊覧船

1. 全国でお城の周りを一周できる
観光遊覧船は堀川だけ。2.気象条
件がそろった時のみ見られる光景。
氷を割りながら進む姿が幻想的だ

松江城のお堀をめぐる、贅沢な船旅

　松江城を囲む緑豊かな堀川を一周する観光遊覧船。小さな屋根付きの船に靴を脱いで乗り込み、船頭の合図とともに船はゆったりと松江の街を進んでいく。

　船上から望むのは、個性豊かな17の橋と四季折々に移ろう自然と江戸時代の風情溢れる街並みだ。低い橋の下を通るときは船の屋根を下げて通過。そのちょっとしたアトラクション性が老若男女に人気を呼ぶ。船頭の案内や情緒あふれる唄を聞きながら、ゆったりと流れる時間の中で松江城の美しい眺望を堪能しよう。冬はこたつ船も運航。温かいこたつに入りながら眺める冬の松江もまた、風情豊かだ。

🏠 島根県松江市黒田町507-1
☎ 0852・27・0417　🕘 9:00～17:00（時期により異なる）
🈺 無休（悪天候運休あり）　💴 大人￥1,600ほか

03 日本庭園 由志園

1.夏は霧に包まれた幻想的な日本庭園もまた格別に美しい。2.可憐な牡丹の花が咲く園内

池一面に浮かぶ紅白の牡丹は必見

　約4万㎡もの広さを誇る、池泉回遊式日本庭園。奥出雲にある鬼の舌震や宍道湖、斐伊川の清流、霊峰・大山など県内の見どころが庭園各所に表現され、見ごたえ満点だ。また一年を通じて牡丹が咲き誇り、GWには池に3万輪もの牡丹を浮かべる池泉牡丹のイベントが行われる。また園内には地域の名産品や高麗人参を気軽に楽しめるカフェもある。

🏠 島根県松江市八束町波入1260-2
☎ 0852・76・2255 🕐 10:00～17:00
📅 12/30・31
💰 大人￥800～ほか（季節により異なる）

04 武家屋敷（塩見縄手）

1.2.往時の武士たちの生活を知ることができる武家屋敷。主屋や庭園などがそのまま現存する

江戸の風情を残した塩見縄手

　縄手とは縄のようにまっすぐ一筋に延びた道路のことをいい、塩見縄手はかつて500～1000石程度の藩士が住む武家屋敷が並んでいた場所だ。通りには武家屋敷のほか、小泉八雲記念館、小泉八雲旧居、田部美術館などが立ち並ぶ。また松江藩第10代藩主の松平不昧ゆかりの庵「明々庵」では、江戸の庭園を望みつつ抹茶が味わえる。

🏠 島根県松江市北堀町305
☎ 0852・22・2243
🕐 8:30～18:30（最終受付18:00、10～3月 8:30～17:00、最終受付16:30）
📅 無休 💰 大人￥310ほか

05　島根県立美術館

1.ゆるやかなカーブを描く高い天井。2.「水辺の展示室」では「水を画題とする絵画」を展示。3.目の前には宍道湖が広がる

宍道湖の風景とアートを楽しむ

　宍道湖の美しい景観に溶け込む形で建築された、「水との調和」をテーマとした美術館。モネやクールベ、池大雅など国内外の「水」を描いた絵画を多数収蔵、展示している。また、世界有数の浮世絵コレクションは特筆すべき見どころのひとつ。葛飾北斎や歌川広重の代表作など、約3,000点を収蔵している。開放感あふれるロビーは宍道湖の美しい夕日を眺める絶景スポットとして知られ、景色を楽しみに訪れる人も多い。毎日午前中には、作品について子どもと話をしながらコレクションや企画展が鑑賞できる「かぞくの時間」を開催。親子でアートに親しめるとあって、人気を呼んでいる。

🏠 島根県松江市袖師町1-5　☎ 0852・55・4700
🕙 10：00〜18：30（3月〜9月は10：00〜日没後30分）
🚫 火曜、12/28〜1/1（企画展の開催日程等にあわせて変更あり）　💴 一般￥300ほか

103

06　松江フォーゲルパーク

1.総面積約1万2000㎡、4つの展示温室を有する。2.動かない鳥として知られるハシビロコウ。3.細長いくちばしで器用に餌を食べるトキ

国内最大級の花の大温室に感動！

　宍道湖のほとりに広がる約32万㎡もの広大な敷地に、国内最大級の花の大温室を有する全天候型の花と鳥のテーマパーク。園内は一年中豪華な花が咲き誇り、多種多様な珍しい鳥たちとのふれあいも楽しめるとあって家族連れに人気だ。特に天井からつり下げられた美しい花々に圧倒されるセンターハウスは必見。ベゴニアやフクシアなどが咲き乱れ、目を楽しませてくれる。またパラダイスホールでは肩や腕に止まる鳥たちに餌をあげることができるほか、ふくろうハウスではフクロウの手乗せ体験もできる。食事の施設も充実、十割そばやオリジナルのベゴニアソフトクリームなどが味わえる。

🏠島根県松江市大垣町52　☎0852・88・9800　🕐9：00～17：30（10～3月は9：00～17：00、最終入園は閉園の45分前）　🈂無休　💴大人￥1650ほか

07　大根島醸造所

個性豊かなクラフトビールを醸造

　美しい中海に浮かぶ島根県東部の江島にある、クラフトビール醸造所。ここでは「鮮度の一番良い状態で提供する」というコンセプトのもとに、多彩なクラフトビールを醸造する。ホップを大量に使用し、鮮烈な苦味にこだわったIPAペールエールをはじめ、全体の50％以上に小麦麦芽を使ったフルーティーなWIEZENなど、どれも個性的。ほかにも大根島のお米を使用したどぶろくも製造。全国どぶろく研究大会で優秀賞を受賞した技術で製造されるどぶろくはスパークリングな飲み口で飲みやすいと評判。店舗に併設された飲食スペースでその豊かな旨味を味わえる。

1.地元の特産品やお店とコラボしたクラフトビール1本¥660の製造、販売を行う。2.製造所の外観。飲食スペースも充実している

🏠 島根県松江市八束町江島1128-110
📞 非公開、問い合わせはllc.daikonshima@gmail.com 🕐 9:00〜17:00
🚫 日曜、月曜、不定休

08 味処 繁

1.宍道湖産の大粒の大和しじみを使う昼の釜めし御膳￥1,700。2.和の趣あふれる店内

地元愛溢れる、料理を堪能

　日本海の魚など地元産の食材を生かし、熟練職人が手がける料理が評判を呼ぶ。料理はいずれもシンプルながらも洗練された味わいのものばかり。特に宍道湖産の大粒のしじみをふんだんに生かして、風味豊かに仕上げた「しじみの釜めし」はリピーターも多い一品だ。ランチは日替わり限定などリーズナブル、夜は地酒とともに一品料理が味わえる。

🏠 島根県松江市東本町3-42
☎ 0852・29・0650
🕚 11:30〜13:30(夜は予約限定)
㊡ 日曜、月曜、祝日

09 浪花寿司

1.看板メニューの元祖蒸し寿司。その彩りが食欲をそそる。2.昔ながらの風情漂う外観

100年愛される伝統の蒸し寿司

　1887(明治20)年創業の老舗寿司店。看板メニューの蒸し寿司は、「冬も寿司を楽しんでほしい」と初代店主の奥さんが考案。アゴ野焼、牛のしぐれ煮、ウナギ、エビなど多様な食材を使用、見た目の美しさもさることながら味もこだわり抜いた一品だ。丁寧にだしを取ったあら汁や、なめらかな食感の茶碗蒸しも蒸し寿司の名脇役だ。

🏠 島根県松江市東茶町27
☎ 0852・21・4540
🕚 11:30〜14:00、16:30〜19:00(売切れ次第終了)
㊡ 水曜、木曜

10　庭園茶寮みな美

1.美しい庭園を眺めながら食事ができる。2.創業からの伝統の鯛めしを味わえる

宍道湖畔を望みつつ鯛めしに舌鼓

　1887（明治20）年に旅籠（はたご）として創業し、皇族をはじめ島崎藤村など多くの文人墨客が訪れた名旅館「皆美館」にあるレストラン。宍道湖畔を望みながら山陰の食材を駆使した和食が味わえる。創業当時から変わらぬ鯛めしは、そぼろにした鯛と玉子をたっぷりと載せたごはんに、風味豊かなだし汁をかけて味わう名物。鯛のおいしさが染み渡る料理だ。

🏠島根県松江市末次本町14 ☎0852・21・5131 🕚11：30〜15：00（LO14：00、土・日曜、祝日は昼LO14：30）、17：30〜21：00（LO20：00）🈺火曜（祝日の場合は営業）

11　青山蒲鉾店

1.地伝酒あご野焼300ｇ￥1,620。2.地元産の炭を使って焼き上げる。3.1727（亨保12）年創業

島根県が生んだ、こだわりの蒲鉾

　島根県沖で水揚げされる新鮮な白身魚やアゴを使用し、炭でじっくりと焼き上げる風味豊かなかまぼこを製造販売。魚をさばくところから成形まですべて職人が丁寧に手作業。化学調味料や保存料は一切使用せず、本来の旨みを活かすために地伝酒や塩、甜菜糖で味つけを行う。ほどよい弾力と旨味が濃いかまぼこはご飯や酒の肴にぴったりだ。

🏠島根県松江市中原町88 ☎0852・21・2675 🕚8：00〜19：00 🈺1/1

Chapter 3
Sightseeing
and Gourmet
005

観光&
グルメスポット

ゆっくり泊まって朝夕に参拝

出雲市周辺の宿

出雲大社周辺や出雲市に点在する、ホスピタリティーあふれる宿。
参拝の後は、情緒あふれる宿でのんびりと過ごして旅を満喫してみては

01　出雲大社 御師の宿 ますや旅館

1.2022年に改装した和洋室の部屋「寿」。高齢者にも配慮。2.のどぐろとしまね和牛を両方楽しめる料理。3.歴史を感じる宿だ

歴史と快適さを併せ持つ宿

　出雲大社から徒歩で3分の距離に位置する、江戸時代から続く歴史ある宿「ますや旅館」。老舗旅館ならではの風雅な佇まいはそのままに、全客室にベッドを備えた和洋室など現代の快適性を取り入れ、バリアフリーに対応した部屋も用意。幅広い世代に親しまれる宿だ。大浴場には、温泉スタンドから運ぶ大社温泉の湯がなみなみとたたえられ、旅の疲れをゆっくり

と癒すことができる。お楽しみの夕食は、地元の新鮮な食材を活用したのどぐろや、しまね和牛を使った料理が並び、見た目も豪華で味わい深いものばかり。農家から仕入れた米や宍道湖のしじみなどを使った朝食もおいしいと好評だ。

🏠 島根県出雲市大社町杵築東493　☎ 0853・53・2012
🕐 チェックイン15:00〜、チェックアウト〜10:00
❌ 不定休　💰 2名1室1泊2食1名 ￥17,600〜

02　出雲 湯の川温泉 湯宿 草菴

1.日本庭園を望む風情ある岩風呂の貸切風呂。2.築180年の古民家を移築した、出雲の伝統美を感じる客室「天保」。3.玄関の茅葺門も荘厳な雰囲気だ

心安らぐ空間で、温泉と美味を楽しむ

「復刻創新」をコンセプトに、日本の伝統的な古民家に洗練されたヨーロッパのアンティーク家具をしつらえた特別な空間で心づくしのもてなしを供する宿。緑に囲まれた静かな環境で、ゆっくりと過ごすことができる。宿の最大の魅力は、「日本三美人の湯」と称される源泉かけ流しの湯の川温泉。心地よい湯の温もりに、身も心も深い安らぎに包まれるよう

だ。食事は、地元の旬の素材をしっかりと生かした創作和食。料理長が毎日食材を厳選し、その食材に合った調理法でプランに合わせて提供。小さな旅館だからこそできるきめ細やかなサービスに、何度も訪れるリピーターも多い。

🏠 島根県出雲市斐川町学頭1491 ☎ 0853・72・0226 🕐 チェックイン15:00〜18:00、チェックアウト10:00〜11:00 🈺 不定休 💴 2名1室1泊2食1名￥27,800〜

03　お宿 月夜のうさぎ

自家源泉の天然温泉を満喫

「贅に贅を尽くした和の湯宿」のコンセプトどおり、客室やロビーなど、いにしえのロマンや出雲の神話を随所に感じられる宿。館内は全館畳敷きで、くつろぎと癒やしの空間を演出している。シンプルモダンなインテリアでまとめられた客室は畳敷きにベッドを備えた和洋室だ。自慢の風呂は2種類の大浴場と5つの貸し切り風呂があり、自家源泉の温泉をのんびりと楽しむことができる。夕食は、バイキングスタイルで種類豊富な料理を提供、ライブキッチンではできたての料理も楽しめるのが嬉しい。出雲大社へも徒歩圏内で、清々しい早朝参拝へ訪れたい人にはおすすめだ。

1.湯ざわりも心地よい天然温泉の大浴場で心ゆくまでのんびり。2.広々とした客室。3.地元の旬を味わい尽くす夕食のバイキング

🏠 島根県出雲市大社町修理免字本郷1443-1 ☎ 0853・53・8877 🕐 チェックイン15:00〜、チェックアウト〜11:00 🈚 無休(施設メンテナンスのための休館日あり) 💴 2名1室1泊2食1名￥21,000〜(別途入湯税必要)

04　いにしえの宿 佳雲

1.大湯処「蒼雲」。天然温泉が旅の疲れを癒してくれる。2.檜の内風呂をしつらえた客室「結いの間」。3.伝統的な出雲神楽面が飾られている

出雲の神話に彩られた湯宿

　重厚感あふれる落ち着いた空間が魅力の、格式ある旅館。館内には勇ましい素戔嗚尊の姿をかたどったレリーフや出雲神楽面など、出雲神話の「八岐大蛇伝説」のストーリーに沿った意匠が施され、神の国ならではの旅の情緒が感じられる。自家源泉から湧き出る天然温泉を楽しめる風呂は、内湯や露天風呂、寝湯などバラエティー豊か。また漆や岩、絹、泡、季節をモチーフにした貸切風呂もあり、心ゆくまでじっくりと温泉に浸かることができる。夕食はしまね和牛や地元の野菜、日本海の海の幸を駆使した豪華な会席料理だ。食後は夜鳴きそばも無料でサービスしている。

🏠 島根県出雲市大社町修理免字本郷1443-1 ☎ 0853・53・8877 🕐 チェックイン15:00、チェックアウト11:00 🈳 無休（施設メンテナンスのための休館日あり）💴 2名1室1泊2食1名￥28,000〜（別途入湯税必要）

05　日本三美人の湯　湯元湯の川

1.ナトリウム・カルシウム・硫酸塩・塩化物泉の湯の川温泉をたたえる。

2.畳の香りも清々しい客室。3.素材のおいしさを追求した料理の数々

美肌湯に浸かり、山陰の恵みを

「日本三美人の湯」と讃えられる100%源泉掛け流しの温泉を、時間を気にせずいつでも堪能できるのが魅力。保湿によいメタケイ酸をたっぷりと含んだ温泉を、循環させずに新鮮なまま提供。湯上がりは肌がすべすべになると評判だ。客室からは斐川町ののどかな風景を一望、何もせず景色を眺めながら過ごすのもまた贅沢なひとときだ。女性にはカラフルな色浴衣の貸し出しサービスを行うなどさりげない心遣いも嬉しい。夕食は料理長が選りすぐる山陰の旬の味覚を盛り込んだコース。ジューシーで旨味が濃いしまね和牛や、新鮮な海の幸を使った一品は、地酒にもよく合う。

島根県出雲市斐川町学頭1329-1　0853・72・0333
チェックイン16：00～、チェックアウト～10：00
不定休　2名1室1泊2食付1名￥16,650～

1.鳥居の近く、大社通りに面した宿。2.地下の冷泉を汲み上げた泉質は肌に優しいと評判。3.広々とした特別室。4.岩造りの風呂を設えた小浴室

美しい坪庭の眺望と、もてなしが自慢の宿

「一期一会のおもてなし」をテーマに営む、出雲大社の参拝道に面する宿。創業以来160年余、その歴史ある建物は国の登録有形文化財に登録されている。総客室10室のうち5室は1902（明治35）年に建てられた明治棟で、美しく手入れされた坪庭と中庭を望みながらくつろぐことができる。また風情あふれる岩風呂の大浴場からも坪庭を一望。朝な夕な、また季節ごとに表情を変える庭はまさに眼福だ。夕食は出雲産の新鮮な魚介と野菜、調味料などを使って仕上げる出雲会席。出雲大社宮司の千家家に伝わる「うず煮」は冬季限定で注文することができ、歴史ある宿らしいもてなしに大満足。

🏠 島根県出雲市大社町杵築南776　☎ 0853・53・3311
🕐 チェックイン15：00〜、チェックアウト〜10：00
❌ 不定休　💰 2名1室1泊2食1名￥15,400〜

Chapter 3
Sightseeing
and Gourmet

006

観光＆
グルメスポット

出雲・松江から足を

01

石見銀山
（龍源寺間歩 大久保間歩）

1.明治時代の火薬や削岩機を使った採掘跡などが見られる大久保間歩。2.石見銀山絵巻などの展示もあり見応えがある龍源寺間歩。3.一般公開限定ツアーは電話で予約が必要

自然と共存する世界遺産

　16〜17世紀にかけて、銀の産出で栄えた日本最大級の銀山。当時産出された世界の銀の約3分の1が日本のもので、その多くが石見銀山のものといわれている。石見銀山は「石見銀山遺跡とその文化的景観」として2007年に鉱山遺跡としてはアジアで初めてユネスコの世界遺産となった。石見銀山を体感するなら龍源寺間歩や大久保間歩を散策するのがおす

すめ。龍源寺間歩は常時一般公開されている石見銀山の坑道跡。ノミの跡がそのまま残り当時の様子を伺える。また大久保間歩は一般公開限定ツアーでしか行くことのできない、石見銀山最大級の坑道跡。採掘技術を目の当たりにできる。

⊕龍源寺間歩：島根県大田市大森町2-183　大久保間歩：島根県大田市大森町　☎龍源寺間歩：0854・89・0117　大久保間歩：0854・89・9091　¥龍源寺間歩：大人￥410ほか　大久保間歩：大人￥3,700ほか

延ばして

出雲・松江市だけではなく島根県内は
歴史的な名所や名勝地など見どころが満載。
ロングステイで旅してみたい

02　石見銀山世界遺産センター

1.毎週水曜、木曜にはすずやビスマスの
合金を使った丁銀づくり体験の日を開
催。丁銀キーホルダーづくり￥1,500など
がある。8名以上は予約が必要だ。2.エ
ントランスにあるガイダンス棟

石見銀山の魅力を多彩な資料で紹介

　2007年に世界遺産に登録された石見銀山について紹介。館内は石見銀山が世界遺産に登録された3つの価値と石見銀山遺跡総合調査の成果という4つのテーマで構成されている。第1展示室では16世紀の世界との交易で石見銀山が果たした役割を紹介。第2展示室では石見銀山の歴史および、くらしと技術について映像や資料写真などで解説。第3展示室で

は石見銀山の学術的な調査研究成果の一部を紹介している。第4展示室ではVR機器を使った360°映像コンテンツの視聴体験や非公開区域の映像も公開。体験学習室やガイダンス棟などもある。

🏠 島根県大田市大森町イ1597-3
☎ 0854・89・0183　💴 有料展示室は一般￥310ほか
🕐 9:00〜17:00(最終受付は16:30 季節により変動あり)
🚫 毎月最終火曜、年末年始

03　五百羅漢

1.それぞれに豊かな表情を見せる五百羅漢。まるで今にも話し出しそうな雰囲気だ。2.五百羅漢像の坐像は高さ約36〜47cmで緻密な彫像が施されている

豊かな表情や仕草の彫像がずらり

　18世紀中頃、銀山の採鉱で亡くなった人々の霊や先祖の霊を供養するために作られた像。五百羅漢とはお釈迦様に従っていた500人の弟子のことを指し、人間と仏の間の存在と言われている。作られた時期ははっきりとはわからないが、作ったのは地元の石工で、当時の代官役人らの協力を受け、約20余年の歳月をかけて彫像されている。

　匠の技術で緻密に彫像され、笑っているものや天空を仰いでいるもの、太っているあるいは痩せているなど、一体ごとに表情や姿勢、体型の違いが見られるのが興味深い。中央窟には石像釈迦三尊仏、左右の両窟には五百羅漢像が250体ずつ並び、合計501体の坐像が安置されている。

🏛 島根県大田市大森町イ804 ☎ 0854・89・0005
🕐 9:00〜17:00 🈺 不定休 💴 大人￥500ほか

大森の町並み

銀山最盛期の様子を体感できる町並み

　江戸時代の武家屋敷や代官所跡をはじめ、豪商の住宅など、当時の面影を今に残す文化財や建物がそのまま残る。町並みの中にある城上神社は拝殿の鏡天井にある「鳴き龍」が有名。絵の真下に立って手を叩くと、龍の鳴き声のようにリンリンとした音が響き渡る。また江戸時代の代官所跡に作られた「いも代官ミュージアム」には、銀山の採掘工具や古文書、鉱石、絵巻などの資料を展示。最盛期の石見銀山について学ぶことができる。銀山経営や酒造などで財を成した熊谷家住宅も見どころ満載。昔の日本家屋のしつらいをそのままに、家財道具などが展示され、当時の暮らしを体感できる。

1.板塀が続く大森の町並み。まるで江戸時代にタイムスリップしたような風情が漂う。2.観世音寺から見た町並みもまた見ごたえがある

🏠 島根県大田市大森町　☎ 0854·88·9950

鬼の舌震県立自然公園

巨岩奇岩の間を流れ落ちる清流が美しい鬼の舌震

奥出雲の自然がつくる壮大な渓谷美

斐伊川の支流、大馬木川の急流によって長年にわたり侵食された黒雲母花崗岩地帯のV字渓谷。渓谷の左右には大天狗岩、小天狗岩などの岸壁がそびえ立ち、谷のいたるところに、はんど岩や亀岩、千畳敷、鬼の落涙岩、烏帽子岩などの奇岩が横たわる。また川底には大小の甌穴群が見られ、これらの間を縫うように清流が流れるさまはまさに自然が作り出し

た壮大な渓谷美だ。鬼の舌震という名前の由来は、「出雲国風土記」に「ワニが玉日女命という美しい女神を恋い慕う」とあり、この「ワニのしたふ」が転訛したものといわれる。高さ45m、長さ60mの「舌震"恋"吊橋」はバリアフリーとなっている。

🏠 島根県仁多郡奥出雲町三成字根 ☎ 0854・54・2260 (奥出雲町観光協会) 💰 無料

118

奥出雲おろちループ

四季折々の風景が楽しめるとあってドライブルートとしても人気。紅葉の時期はまたすばらしい景観が楽しめる

ヤマタノオロチをイメージした橋

1992（平成4）年4月に開通、広島県と島根県をつなぐ国道314号線の板根〜三井野原区間の高低差105mをのぼるために作られたループ橋。区間の長さは2,360m、区間の標高差105m、1重目の半径100m、2重目の半径200mで日本最大級を誇る。奥出雲が舞台となった神話「ヤマタノオロチ」をイメージして作られ、全体は7つの橋と2つのトンネルで構成。二重にとぐろを巻く姿は、まさに大きなヤマタノオロチを彷彿とさせる。最も高い場所の谷間にかかる三井野大橋の赤いアーチは写真撮影スポットとして人気。標高700mには道の駅「奥出雲おろちループ」もあり、食事やおみやげの購入も楽しめる。

🏣 島根県仁多郡奥出雲町八川
☎ 0854・52・3111（道の駅 奥出雲おろちループ）

1.横山大観の名作「白沙青松」をモチーフに作られた白砂青松庭。2.自然の山々と庭との調和が美しい枯山水庭。3.名作が観られる横山大観特別展示室

日本屈指のコレクションと庭園を満喫する

　美しい日本庭園と、日本が誇る画家・横山大観のコレクションが観られる美術館。館内は近代日本画や現代日本画などテーマごとに絵画を展示。近代日本画では横山大観の「紅葉」「無我」をはじめとする作品や、上村松園ら巨匠たちの作品が展示されている。また現代日本画を収蔵する新館では平山郁夫や松尾敏男など、名だたる画家の優秀作を展示。いずれもすばらしい作品ばかりだ。創設者・足立全康氏が「庭園もまた一幅の絵画である」という信念のもとに造り上げた日本庭園は、枯山水庭や白砂青松庭など多様な庭を集結。まさに絵画のようにすばらしい風景を楽しませてくれる。

🏠 島根県安来市古川町320　☎ 0854・28・7111
🕐 9:00〜17:30、10月〜3月は〜17:00
休 無休(新館は休館日あり)　¥ 大人￥2,300ほか

たたら製鉄によって栄えた歴史や技を紹介

　安来市、雲南市、奥出雲町で構成される鉄の道文化圏の各文化館のひとつとして1993(平成5)年に開館。たたら製鉄とその歴史や流通および匠の技を紹介している。館内の第一展示室では、高殿と呼ばれる建物の中でたたら吹きを行う永代たたらの炉をそのまま再現。たたら製鉄の生産物である玉鋼や砂鉄採取法の鉄穴流しなどについても展示紹介し、いずれも興味深い。第二展示室ではたたら製鉄について企画展示。第三展示室では江戸から明治にかけて鉄の積み出し港として栄えた安来の町について、鉄鋼生産地へと変化していった様子や、暮らしの中で鉄が果たす役割について紹介している。

1.10月には「古代たたら復元操業」のイベントも開催する。2.たたら製鉄で使用する「炉」の再現や、炉に風を送る巨大な送風機「天秤鞴」などを展示

🏠 島根県安来市安来町1058
☎ 0854・23・2500
🕘 9:00〜17:00
🈺 水曜(祝日の場合は翌日)、年末年始
💴 一般￥310ほか

1.2頭のシロイルカが水中でマジックリングを作るパフォーマンスは見事。2.ミュージアムショップではオリジナルのおみやげを販売。3.レストラン異留香

シロイルカのパフォーマンスが大人気

「島根の海から日本海、そして世界の海へ」をコンセプトに、約400種1万点の海洋生物を展示する水族館。世界の海ゾーンや日本海ゾーン、ミニアクアリウムなど多彩なコーナーがあり、多様な海の生き物に出合えるとあって家族連れに人気だ。なかでも注目は西日本で唯一飼育しているシロイルカのパフォーマンスだ。器用に作るバブルリングは必見。ミラクルリングも見逃せないパフォーマンスだ。またペンギンのお食事タイムでは、愛らしいペンギンの歩き方や仕草を間近で見ることができる。2022年にはプロジェクションマッピングを導入、光の演出とのコラボが楽しめる。

🏠 島根県浜田市久代町1117-2　☎ 0855・28・3900
🕐 9:00〜17:00（季節により変動あり）　🈲 火曜（祝日の場合は翌日、大型連休は無休）　💰 大人￥1,550ほか

断魚渓

1.魚も上ることができないほどの渓谷からその名がついた断魚渓。1935(昭和10)年に国の名勝に指定されている。
2.峡底一帯に大岩盤が露出し、千畳敷を形成している

圧巻のスケールが魅力、自然が織りなす渓谷美

中国地方屈指の河川、江の川の支流である濁川が流紋岩を侵食してできた渓谷。約4kmにわたって奇岩怪岩が続き、いたるところに滝や深淵など24カ所にもおよぶ景観美が見られる。なかでも代表的な景観は、嫁が淵、神楽淵、連理が滝、箕の腰などだ。河岸には町道があり、ドライブしながらも絶景を楽しむことができる。また春は桜、秋は紅葉の名所と

しても有名。白い水しぶきをあげながら流れる濁川と奇岩、赤や黄色の紅葉のロケーションは感動的だ。キャンプ場も隣接しているので、のんびりと野営を楽しみながら五感で雄大な自然を満喫することができる。

島根県邑智郡邑南町井原 0855・95・2369

11　摩天崖

1.2.約7kmにわたって粗面玄武岩の海蝕崖や海蝕洞が続く「国賀海岸」のなかでもひときわ目を引く絶壁。大山隠岐国立公園に指定されている

断崖絶壁と海原の雄大な絶景に感動

　雄大な自然美がそこかしこに残り、地球の鼓動が感じられる島として2013年「世界ジオパーク」に認定された隠岐諸島。そのひとつ、西ノ島の代表的な名勝地が摩天崖だ。海抜257m、巨大なナイフで垂直に切り取ったような大絶壁で、海蝕作用によってできた崖としては日本有数の高さを誇る。どこまでも広がる海と水平線、峻険な崖が織りなすロケーションはまさに壮大だ。摩天崖の周辺一帯には放牧地が広がり、絶壁の壮大な風景と牛や馬がのんびりと草をはむ様子も見られ、心が癒やされる。またその見晴らしのよさから、第2次世界大戦中には、旧日本軍が使用していた監視所があったとされ、その跡は今も残っている。

🏠 島根県隠岐郡西ノ島町浦郷
☎ 08514・7・8888（西ノ島町観光協会）

12　匹見峡

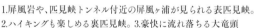

1.屏風岩や、匹見峡トンネル付近の屏風ヶ浦が見られる表匹見峡。
2.ハイキングも楽しめる裏匹見峡。3.豪快に流れ落ちる大竜頭

さまざまな表情を楽しませてくれる4つの渓谷

　匹見川沿いにある自然豊かな渓谷。前匹見、奥匹見、表匹見、裏匹見の4つのエリアがあり、異なる景観が楽しめるのが特徴だ。入り口となる前匹見は約1kmにわたって続く渓谷。最奥部にある落差53mの「大竜頭」の滝は見どころのひとつ。豪快な水しぶきを上げる様子に感嘆だ。美しいシャクナゲの群生も楽しむことができる。表匹見は約4kmの緩やかな渓谷。雨が降る日だけ現れる「お楽の滝」や、透き通った川の流れなど、心が癒やされる風景が広がる。また切り立った崖が連なる裏匹見はハイキングコースとしても人気。滝や深淵を見つつのんびりと散策できる。

🏠 島根県益田市匹見町匹見
☎ 0856・56・0310（匹見町観光協会）

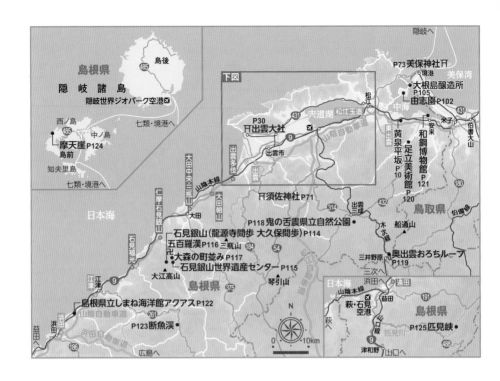

島根県

隠岐諸島

島後
485

隠岐世界ジオパーク空港✈

西ノ島
485
中ノ島
島前

摩天崖 P124
知夫里島

七類・境港へ

日本海

石見福光

仁摩石見銀山

石見銀山
江津
江の川
9

浜田

益田へ
186

広島へ

島根県

大田中央三瓶山

山陰本線
大田朝山

大田
三瓶山

石見銀山(龍源寺間歩 大久保間歩) P114
五百羅漢 P116 三瓶山
大森の町並み P117
石見銀山世界遺産センター P115

琴引山

375

隠岐へ

P73美保神社⛩
境港 美保湾
大根島醸造所
由志園 P102
松江 中海

P105 黄泉平坂
和鋼博物館 P121 足立美術館 P120

出雲大社 P30
9
出雲市
出雲

宍道湖 松江玉造
山陰自動車道
431

須佐神社 P71
P118鬼の舌震県立自然公園

安来 米子 伯耆大山
180

鳥取県

木次線
三井野原 船通山
奥出雲おろちループ P119

三次へ

日本海

島根県立しまね海洋館アクアス P122

P123断魚渓

N

0   10km

山陰本線
益田
石見空港
萩・石見空港
9
津和野 山口へ

日本海

山陰本線 浜田へ 191
運田
益田
萩・石見空港
口羽
匹見川
488

島根県

P125匹見峡

日本海

大平山

朝日山

佐太神社 P74
松江しんじ湖温泉
松江
松江東
P127B

P92 出雲日御碕灯台
P98 柿谷商店
P52 大穴持伊那西波岐神社⛩
P95 十六島風車公園

P104 松江フォーゲルパーク
一畑電鉄大社線
一畑口

P94島根県立宍道湖自然館ゴビウス
P96木綿街道
P99そば処 喜多縁
宍道湖グリーンパーク P95

湖遊館新

宍道湖

来待

玉造温泉
松江玉造
P70八重垣神社⛩

松江市

Tatsuzawa misaki cafe
P99
上宮・下宮 P52,53
大歳社 P53
三歳社 P51
阿須伎神社前P51
島根ワイナリー P97

旅伏山

出雲縁結び空港✈
宍道
出雲
山陰本線

出雲 湯の川温泉 湯宿 草菴 P109
日本三美人の湯 湯元湯の川 P112
荒神谷遺跡 P93

空山

P75熊野大社

P127A
日御碕神社 P72
稲佐の浜 P23
出雲大社前
湊社 P50
出雲大社 P53

P21長浜神社⛩

神西湖
西出雲
9
出雲神社西
江南

万九千神社 P76

直江

斐川

P77須我神社⛩

雲南市

小田

出雲多伎
道の駅 キララ多伎 P96

出雲市

神戸川

高瀬山

木次線
54
出雲大東

三刀屋木次
P16八岐大蛇公園 木次

N

0   5km

126

A

彰古館

出雲大社 P30 卍

鏡の池

神楽殿

拝殿

神祐殿　出雲大社北島國造館 出雲教

卍命主社 P50　真名井の清水

出雲大社教祖霊社卍

•島根県神社庁

社務所

勅使館

荒神社卍

佐草稲荷神社卍　子安寺卍

出雲大社連絡所♀

東神苑

431

**出雲大社 御師の宿 P108
まずや旅館**

西神苑

卍秋葉神社

荒神社卍

•山陰合同銀行

神迎の道

松の参道

•古代出雲歴史博物館前

•島根県立古代出雲歴史博物館 P54

431

卍松林寺

西光寺卍

荒神社卍

P85そば処田中屋

正門前♀

**P88,89,90,91ご縁横丁
P83縁結び箸ひらの屋
P82出雲かみしお**

•大鳥居

卍神光寺

P111いにしえの宿 佳雲 •
P110お宿 月夜のうさぎ •

堀川

•藤間家住宅

市場通

P98福乃和

P81俵屋菓舗 神門店•

•綿屋彦左衛門 P84

•Okinogami blue cacao'sP87

P51乙見社卍

大社小

•国登録有形文化財の宿　日の出館 P113

出雲大社[神門通り]♀

•大社珈琲 P86

神光寺橋

荒神社卍

N

•大社郵便局

島根銀行

出雲大社前

電鉄大社駅♀

—畑電鉄大社線

0　　　　200m

大社中⊗　出雲市駅へ

川跡へ

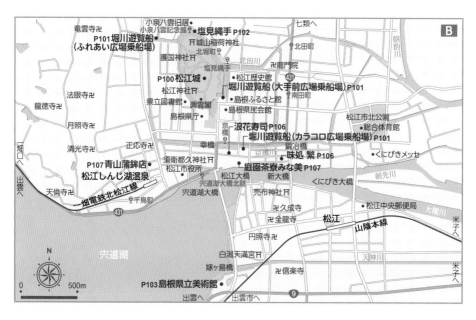

B

竜雲寺卍

小泉八雲旧居
小泉八雲記念館

•塩見縄手 P102

七類へ

朝酌川

**P101堀川遊覧船
（ふれあい広場乗船場）•**

卍城山稲荷神社
北堀町

•北田町

護国神社卍

北田川

卍龍門院

法眼寺卍

塩見縄手

431

P100松江城•

•松江歴史館

月照寺卍

松江神社卍

—堀川遊覧船（大手前広場乗船場）P101

県立図書館

興雲閣

•島根ふるさと館

•南田町

龍徳寺卍

島根県庁

•島根県民会館

松江市北公園

清光寺卍

正応寺卍

京橋

幸橋

•浪花寿司 P106

総合体育館

—堀川遊覧船（カラコロ広場乗船場）P101

•くにびきメッセ

P107青山蒲鉾店•

須衛都久神社卍

鍛冶橋

•味処 繁 P106

松江しんじ湖温泉

松江市役所

京店

•庭園茶寮みな美 P107

—畑電鉄北松江線

松江大橋

新大橋

—くにびき大橋

剣先川

畑口へ

天倫寺卍

•千鳥町

431

宍道湖大橋北詰

宍道湖大橋

売布神社卍

松江

松江中央郵便局

米子へ

卍久成寺

—山陰本線

大橋川

宍道湖

卍全龍寺

円照寺卍

米子へ

N

白潟天満宮卍

天神川

嫁ヶ島

P103島根県立美術館

卍信楽寺

9

0　　　　500m

出雲市へ

出雲へ

ゆったり＆じっくり楽しむ
出雲大社 参拝旅 完全ガイド

TOKYO NEWS BOOKS

企画・編集	株式会社ネオパブリシティ
編　集	篠田享志・小山芳恵・穂積凌・綾部綾
カメラマン	堀 宏之
デ ザ イ ン	SANKAKUSHA
地　図	庄司英雄

ゆったり＆じっくり楽しむ
出雲大社参拝旅 完全ガイド

第 1 刷	2023年9月25日

著　　者	「出雲大社参拝旅 完全ガイド」製作委員会
発 行 者	菊地克英
発　　行	株式会社東京ニュース通信社 〒104-6224 東京都中央区晴海1-8-12 電話 03-6367-8023
発　　売	株式会社講談社 〒112-8001 東京都文京区音羽2-12-21 電話 03-5395-3606
印刷・製本	株式会社シナノ

落丁本、乱丁本、内容に関するお問い合わせは発行元の株式会社東京ニュース通信社までお願いします。
小社の出版物の写真、記事、文章、図版などを無断で複写、転載することを禁じます。
また、出版物の一部あるいは全部を、写真撮影やスキャンなどを行い、許可・許諾なくブログ、SNS などに公開または配信する行為は、著作権、肖像権などの侵害となりますので、ご注意ください。

©[IZUMOTAISHASANPAITABI KANZENGAIDO]SEISAKUIINKAI 2023 Printed in Japan
ISBN978-4-06-533568-0